bertolt brecht

die dreigroschenoper

bertolt brecht

die dreigroschenoper

the threepenny opera

Edited by Paul Kurt Ackermann
BOSTON UNIVERSITY

suhrkamp/insel
publishers boston, inc.

UNDER THE EDITORSHIP OF

Sigrid Bauschinger
University of Massachusetts, Amherst

Jeffrey L. Sammons
Yale University

Maria Tatar
Harvard University

Library of Congress Cataloging in Publication Data
Brecht, Bertolt, 1898-1956.
  Die Dreigroschenoper.
  Text in English and German.
  I. Ackermann, Paul Kurt, 1919-
II. Title.
PT2603.R397D75   1982   832'.912   82-3191
ISBN 3-518-03049-3   AACR2

LC number PT2603.R397D75

ISBN   3-518-03049-3

Preface

This edition of *Die Dreigroschenoper* makes available for class use Brecht's most popular play and, indeed, one of the most successful and internationally acclaimed German plays of this century.

The play has not been expurgated or in any way shortened or changed. The edition is intended for the second year of college study and may be used either in the third or fourth semester.

The end vocabulary is complete and repeats words which appear in the notes. The notes are intended not as short cuts to the end vocabulary but as additional instructional material. I have been restrained in giving English contemporary slang equivalents; in some cases I have suggested American equivalents in parenthesis. Students who find the translations of some German idiomatic words or expressions not colorful enough are encouraged to produce their own.

A word about Brecht's language: The caustic humor of the play depends to some extent on the use of language. Readers who can not catch every nuance should nevertheless be aware of Brecht's intentions. Occasionally he uses words and syntax as tools for achieving the "alienation effect" (see the introduction), that is to say, his characters will speak in a diction or manner that is at variance either with their status in society or with the situation in which they find themselves. Thus the beggar Filch talks about his past in the clichés of pulp fiction and in the stereotypes of philistines. Mac's stilted language during the wedding party ("Dürfte ich die Herren jetzt bitten . . .") and at other times is more reminiscent of the director of a large corporation than of a cutthroat. Now and then the cadences of Luther's Bible appear in unexpected places: "Gib, so wird dir gegeben," "Verschließt euer Ohr nicht dem Elend," "Jenny die mir die liebste war unter den Mädchen." And Peachum sings his morning hymn with its coarse text to the strains of a sacral hymn.

Die Dreigroschenoper continues to be performed regularly in many countries. There are two movie productions: Georg Pabst's film of 1930/31 and the Wolfgang Staudte production of 1963. In addition there are recordings of various German and English productions readily available in most record stores. Readers should not forget that Kurt Weill wrote wonderful music to Brecht's text and, if at all possible, they should listen to it.

Paul Kurt Ackermann
Cambridge, Massachusetts

Introduction

The Threepenny Opera was a smash hit when it opened in Berlin in 1928 but during rehearsals almost no one connected with the play gave it a chance. There were a number of near-fatal problems with the cast: Mr. Peachum backed out, Mrs. Peachum was loath to sing "those filthy words," Polly had to rush to the bedside of her dying husband in Switzerland, and Macheath thought his importance was not emphasized enough. Brecht and Weill obliged him at the last moment by creating the now famous song, "Mac the Knife." On opening night the audience sat on its hands for the first few scenes but after the "Kanonensong" they caught on; there was continued wild applause and the play was a triumph. It made Brecht, Weill, and his wife, Lotte Lenya (Jenny), famous, it made the Theater am Schiffbauerdamm one of the best known theaters in Germany, and it made a point dear to Brecht's heart: the audience was told, more or less directly, that they were not much different from the play's thieves and harlots. Far from being offended, the audience loved the play. "It was wonderfully, intoxicatingly clear that the public was with us," wrote Lotte Lenya. "From that day Berlin was swept by a *Dreigroschenoper* fever. In the streets no other tunes were whistled." The play was a huge success; it ran and ran, for more than a thousand performances in Berlin alone. Since then it has been staged in many countries all over the world and continues to delight audiences.

The impulse for *The Threepenny Opera* came from Brecht's friend and collaborator, Elisabeth Hauptmann, who was always looking for possible material for Brecht. In 1927 she had come across John Gay's *The Beggar's Opera* (1728), with ballads and tunes of the time and some original music by Johann Christian Pepusch. It had been very successfully revived in London in 1920 and had run for almost two years.

A friend of Swift and Pope and other "wits" of the period, Gay had written a parody of the then fashionable Italian operas which were much performed on the London stage. Gay's opera was set in Newgate prison with its beggars, thieves, and harlots, and was furnished with all the artificial trimmings of formal opera. The opera satirized contemporary society and became enormously popular.

Brecht had read Hauptmann's translation and particularly liked Gay's attempt to parallel the ways of the underworld with those of the upper-classes. Although busy with other projects, Brecht started to adapt and rework scenes from Gay's play.

In early 1928 Brecht met by chance a young actor-turned-producer, Ernst Josef Antheil, in the Café Schlichter, one of Berlin's coffee houses popular with artists and writers. Antheil had just rented a small (800 seats) defunct theater, the Theater am Schiffbauerdamm, and was looking for a play with which to open. When Brecht showed him some of his scenes, Antheil commissioned him to write a whole play.

At first there was no thought of using music beyond Pepusch's score. But then Brecht thought that Pepusch's music was "not aggressive enough" and asked Kurt Weill, a young composer of mostly atonal music with whom Brecht had worked before, to write a new score.

For some of the lyrics, Brecht, using a German translation by K.L. Ammer, adapted six poems by the fifteenth century French poet, François Villon, modernizing some and altering others. He also used a few lines from Rudyard Kipling's ballad, "Mary, Pity Women!" The "Kanonensong," in which Brown and Mac remember their years in the army together, also has the flavor of Kipling's "Barrack-Room Ballads." Like many dramatists and painters, Brecht took material where he found it and integrated it in his own work. "I am fundamentally lax over the question of literary property," he said.

So as to work quickly and without interruption, Brecht went to Le Lavandou on the French Riviera with Weill, Lotte Lenya, and the actress Helene Weigel, whom he later married. One month later, in early July, 1928, the text and the music were completed; rehearsals began in August in Berlin. Brecht's friend, Lion Feuchtwanger, the novelist, supplied the title. *The Threepenny Opera* opened, as planned, on August 31, 1928 in the Theater am Schiffbauerdamm and made theater history.

Despite his use of Gay's play and the adaptations from Villon and Kipling, *The Threepenny Opera* is thoroughly Brecht's own play. As succinctly as possible he demonstrates society's hypocrisy. Repeatedly he makes the point that the poor are too hungry to concern themselves with questions of morality. Society, he says, must change so that morality becomes "affordable." "Erst kommt das Fressen, dann kommt die Moral" is the play's most memorable and often quoted line.

Bertolt Brecht was born on February 10, 1898, in Augsburg, about forty miles north-west of Munich. His father was the manager of a paper mill and the family was comfortably well off. Very early, while still in school, he began to write poems, essays, and reviews. In 1917 he moved to Munich where he attended lectures and seminars at the uni-

versity. He wrote songs and accompanied himself on the guitar, play-
ing in local taverns. He became attractive to women, a characteristic
he never lost, and acquired a circle of friends. During the last year of
the war, he was a medical corpsman at the Augsburg military hospital,
and afterwards he was caught, like everyone else, in the political and
economic turmoil following the German defeat. Politically, his
inclinations were towards the Left. But it was only at the end of the
decade, with the advent of Hitler and Fascism, that he seriously
studied Marxism. He became a Marxist but not a member of the
German Communist Party.

His first play, *Baal* (1918), consists of episodes in the life of a
fiercely independent, asocial poet. Whatever faults the play may have,
it holds together through the sheer energy that animates it. *Drums in
the Night* (1922) deals with the ordeal of a returning veteran: though
he realizes that he has been exploited, he plans no revenge or rebellion
but decides to join "the system." Other plays followed. In 1924 Brecht
took up residence in Berlin and became part of its literary life. After
the success of *The Threepenny Opera*, Brecht collaborated once more
with Weill on an opera, *The Rise and Fall of the City of Mahagonny*,
which has become a permanent part of the international opera reper-
toire. Toward the end of the decade he wrote a number of didactic
plays which to a large extent are illustrations of Marxist theories.

A few days after the National Socialists took power in 1933, Brecht
left Germany and lived until 1939 in Denmark. As the German armies
advanced, he moved to Sweden and Finland and, travelling through
the Soviet Union, finally arrived and settled in Santa Monica, Cali-
fornia. Here he tried to support himself and his wife by working (not
very successfully) for Hollywood movie companies. In 1947 he was
ordered before the House Committee on Un-American Activities
where he defended himself against the suspicion of Communist sub-
versive activities. Denying ever having been a Party member, Brecht
satisfied the Committee but left the United States immediately after
the experience. After a stay in Switzerland, he made an arrrangement
with the East German government to run the Theater am Schiffbauerdamm, now in East Berlin, and there to direct his own company, the
Berliner Ensemble. From 1949 until his death in 1956 he made this
theater and the company one of the best in the world.

Brecht had lived fifteen years in exile and during this time he wrote
the plays on which his fame rests today: *The Life of Galileo, Mother
Courage and Her Children, The Good Woman of Setzuan, Mr.
Puntila and His Servant Matti*, and *The Caucasian Chalk Circle*. He
also wrote many poems; in fact, Brecht is now recognized as a major
contemporary poet.

Brecht's theories in regard to the theater are closely related to his political philosophy. Having experienced the collapse of Germany after the First World War and the upheavals of the following years, Brecht decided early in his life that capitalism was the cause of society's ills and Marxism the only possible weapon against Fascism. The rise of Hitler and the years of German Fascism reinforced these ideas in his later years. The political thrust, implied or directly stated, of many of his plays involves the necessity of change. To some extent he regards the stage as an educational institution where an audience can learn that change is essential and possible.

The audience watching a typical Brechtian play is thus taught to think critically, to examine, and to consider possibilities for change. Brecht believed the function of the theater is not to reinforce familiar patterns of thought and behavior which allow the spectator an emotional escape, but rather to make him face the discomfort of the unfamiliar. Brecht called his theater "non-Aristotelian" and meant by that a theater that does not arouse empathy, create illusions, or provide catharsis. Emotional involvement makes impartial reflection difficult if not impossible, he thought. Theater that dishes up familiar fare and provides emotional satisfaction, Brecht called "culinary theater."

On the part of the spectators Brecht wanted an attitude such as might be found at a boxing match where the audience critically follows blow by blow and weighs alternative strategies on the part of the boxers. The onlooker must maintain a sense of distance and should not identify with any actor on the stage. The actor, for his part, ought not to seduce the spectator to identify with him but must *demonstrate* the character he is portraying, much as a witness in traffic court demonstrates the events that lead to an accident.

Brecht's theater, also called "epic theater," is primarily interested in the behavior of human beings towards one another and in the manner in which that behavior is typical when viewed from a socio-historical perspective. Brecht writes his scenes in such a way that the social laws which determine human behavior become visible.

A well-known aspect of Brecht's theater is the "alienation effect." This is a device that dislocates familiar associations and helps the spectator to see with "clear" eyes. Some of these effects remind the spectator constantly that he is witnessing a theater performance rather than watching a slice of real life: film projections onto a screen on the stage, signs with inscriptions suspended over the stage, interruptions in the flow of the play's action, and so on.

Alienation is also promoted when there is a deliberate contrast between music and the words accompanying it, as in Mr. Peachum's "Morning Hymn." Here the sacral manner of the hymn stands in provocative contrast with the profanity of the words. The stilted, genteel vocabulary employed at times by Mac estranges. When Mac's fellow cutthroats employ the manner of speech of respectable citizens they make that speech suspect and undermine our trust in respectability.

Despite Brecht's desire to write "epic theater," many of his plays do involve the spectator emotionally. Thus one cannot help but "feel" for Mother Courage and her daughter, Kattrin. Galileo is a rounded, complicated person and a spectator is likely to sympathize with him. The girl Grusha of *The Caucasian Chalk Circle* is one of the most appealing female characters in dramatic literature. It appears as if Brecht's deep understanding and compassion for the frailty as well as the strength of human beings went much beyond an adherence to economic determinism and Marxist doctrine. There are moments of poignancy and lyricism that only a few great dramatists can muster.

Even though *The Threepenny Opera* had its origins in the German Twenties, the period of the Weimar Republic, it remains fresh today. It is enjoyable in terms of its theatricality, as a good play should be, but it is also thought-provoking. And these thoughts are not dated; they can not easily be dismissed.

P.K.A.

The final scene of the Berlin premiere, 1928.

Die Dreigroschenoper

Macheath, genannt Mackie Messer
Jonathan Jeremiah Peachum, Besitzer der Firma »Bettlers
    Freund«
Celia Peachum, seine Frau
Polly Peachum, seine Tochter
Brown, oberster Polizeichef von London
Lucy, seine Tochter
Die Spelunken-Jenny
Smith
Pastor Kimball
Filch
Ein Moritatensänger
Die Platte
Bettler
Huren
Konstabler

Vorspiel

Jahrmarkt in Soho

Die Bettler betteln, die Diebe stehlen, die Huren huren. Ein
Moritatensänger singt eine Moritat.

Und der Haifisch, der hat Zähne   5
Und die trägt er im Gesicht
Und Macheath, der hat ein Messer
Doch das Messer sieht man nicht.

Ach, es sind des Haifischs Flossen
Rot, wenn dieser Blut vergießt!   10
Mackie Messer trägt 'nen Handschuh
Drauf man keine Untat liest.

An der Themse grünem Wasser
Fallen plötzlich Leute um!
Es ist weder Pest noch Cholera   15
Doch es heißt: Macheath geht um.

An 'nem schönen blauen Sonntag
Liegt ein toter Mann am Strand
Und ein Mensch geht um die Ecke
Den man Mackie Messer nennt.   20

Und Schmul Meier bleibt verschwunden
Und so mancher reiche Mann
Und sein Geld hat Mackie Messer
Dem man nichts beweisen kann.

---

1. *die Moritat* (from *Mordtat*) ballad sung at street fairs detailing the deeds of notorious criminals 2. *Soho* district in London 5,7. *der* that one 9. *es sind des Haifischs Flossen rot = die Flossen des Haifischs sind rot* 10. *dieser = der Haifisch* 11. *'nen = einen* 12. *drauf = darauf* 13. *die Themse* = Thames 16. *geht um: umgehen*, i, a to circulate, prowl about 17. *'nem = einem* 18. *Strand* street in London

Von links nach rechts geht Peachum mit Frau und Tochter
über die Bühne spazieren.

Jenny Towler ward gefunden
Mit 'nem Messer in der Brust
Und am Kai geht Mackie Messer
Der von allem nichts gewußt.

Wo ist Alfons Glite, der Fuhrherr?
Kommt das je ans Sonnenlicht?
Wer es immer wissen könnte –
Mackie Messer weiß es nicht.

Und das große Feuer in Soho
Sieben Kinder und ein Greis –
In der Menge Mackie Messer, den
Man nicht fragt und der nichts weiß.

Und die minderjährige Witwe
Deren Namen jeder weiß
Wachte auf und war geschändet –
Mackie, welches war dein Preis?

Unter den Huren ein Gelächter, und aus ihrer Mitte löst sich
ein Mensch und geht rasch über den ganzen Platz weg.

SPELUNKEN-JENNY Das war Mackie Messer!

---

3. *ward = wurde* 6. *nichts gewußt* (*hat*) 8. *kommt das je ans Sonnenlicht?* will
that ever be brought to light? 18. *welches = was* 19. *löst sich ein Mensch* a man
appears

Erster Akt

I

UM DER ZUNEHMENDEN VERHÄRTUNG DER MENSCHEN ZU BEGEG-
NEN, HATTE DER GESCHÄFTSMANN J. PEACHUM EINEN LADEN ER-
ÖFFNET, IN DEM DIE ELENDESTEN DER ELENDEN JENES AUSSEHEN
ERHIELTEN, DAS ZU DEN IMMER VERSTOCKTEREN HERZEN SPRACH.

Jonathan Jeremiah Peachums Bettlergarderoben   5

DER MORGENCHORAL DES PEACHUM

Wach auf, du verrotteter Christ!
Mach dich an dein sündiges Leben!
Zeig, was für ein Schurke du bist
Der Herr wird es dir dann schon geben.   *10*

Verkauf deinen Bruder, du Schuft!
Verschacher dein Ehweib, du Wicht!
Der Herrgott, für dich ist er Luft?
Er zeigt dir's beim Jüngsten Gericht!

PEACHUM *zum Publikum:* Es muß etwas Neues geschehen.   *15*
  Mein Geschäft ist zu schwierig, denn mein Geschäft ist es,
  das menschliche Mitleid zu erwecken. Es gibt einige wenige
  Dinge, die den Menschen erschüttern, einige wenige, aber
  das Schlimme ist, daß sie, mehrmals angewendet, schon nicht
  mehr wirken. Denn der Mensch hat die furchtbare Fähig-   *20*
  keit, sich gleichsam nach eigenem Belieben gefühllos zu
  machen. So kommt es zum Beispiel, daß ein Mann, der einen

---

1. *der zunehmenden Verhärtung: die zunehmende Verhärtung* the increasing hardheartedness 4. *immer verstockteren* ever more obdurate 6. *der Morgenchoral* it
is typical of Brecht's method to juxtapose two essentially disparate elements in order to
disturb and "alienate" the spectator so that he will learn to think critically; here the
combination of a sacral genre, a hymn, with a very profane text 7. *Christ* Christian
8. *mach dich an: sich an etwas machen* to get on with something 13. *ist er Luft?* is
he air? = he amounts to nothing? 19. *mehrmals angewendet* when used too fre-
quently 22. *so kommt es* thus it happens

anderen Mann mit einem Armstumpf an der Straßenecke
stehen sieht, ihm wohl in seinem Schrecken das erste Mal
zehn Pennies zu geben bereit ist, aber das zweite Mal nur
mehr fünf Pennies, und sieht er ihn das dritte Mal, übergibt
5   er ihn kaltblütig der Polizei. Ebenso ist es mit den geistigen
Hilfsmitteln. *Eine große Tafel mit »Geben ist seliger als
Nehmen« kommt vom Schnürboden herunter.* Was nützen
die schönsten und dringendsten Sprüche, aufgemalt auf die
verlockendsten Täfelchen, wenn sie sich so rasch ver-
10   brauchen. In der Bibel gibt es etwa vier, fünf Sprüche, die
das Herz rühren; wenn man sie verbraucht hat, ist man glatt
brotlos. Wie hat sich zum Beispiel dieses »Gib, so wird dir
gegeben« in knapp drei Wochen, wo es hier hängt, abge-
nützt. Es muß eben immer Neues geboten werden. Da muß
15   eben die Bibel wieder herhalten, aber wie oft wird sie es
noch?
       *Es klopft, Peachum öffnet, hereintritt ein junger Mann
       namens Filch.*
       FILCH Peachum & Co.?
20   PEACHUM Peachum.
       FILCH Sind Sie Besitzer der Firma »Bettlers Freund«? Man
       hat mich zu Ihnen geschickt. Ja, das sind Sprüche! Das ist
       ein Kapital! Sie haben wohl eine ganze Bibliothek von
       solchen Sachen? Das ist schon ganz was anderes. Unsereiner
25   – wie soll der auf Ideen kommen, und ohne Bildung, wie
       soll da das Geschäft florieren?
       PEACHUM Ihr Name?
       FILCH Sehen Sie, Herr Peachum, ich habe von Jugend an Un-
       glück gehabt. Meine Mutter war eine Säuferin, mein Vater
30   ein Spieler. Von früh an auf mich selber angewiesen, ohne
       die liebende Hand einer Mutter, geriet ich immer tiefer in
       den Sumpf der Großstadt. Väterliche Fürsorge und die
       Wohltat eines traulichen Heims habe ich nie gekannt. Und
       so sehen Sie mich denn . . .
35   PEACHUM So sehe ich Sie denn . . .

---

5. *mit den geistigen Hilfsmitteln* with the spiritual aids 11. *glatt brotlos* simply
breadless = destitute 13. *wird dir gegeben* (passive) 15. *herhalten: her-halten, ie,
a* to pay, suffer (for); *wird sie es noch = wird sie noch herhalten* 24. *das ist schon
ganz was anderes* that's really something else 25. *auf Ideen kommen, a, o* to come
up with ideas 28. *von Jugend an* from (my) youth on 31. *geriet: geraten, ie, a* to
fall into, get into

FILCH *verwirrt:* . . . aller Mittel entblößt, eine Beute meiner Triebe.

PEACHUM Wie ein Wrack auf hoher See und so weiter. Nun sagen Sie mir mal, Sie Wrack, in welchem Distrikt sagen Sie dieses Kindergedicht auf? 5

FILCH Wieso, Herr Peachum?

PEACHUM Den Vortrag halten Sie doch öffentlich?

FILCH Ja, sehen Sie, Herr Peachum, da war gestern so ein kleiner peinlicher Zwischenfall in der Highland Street. Ich stehe da still und unglücklich an der Ecke, Hut in der Hand, 10 ohne was Böses zu ahnen . . .

PEACHUM *blättert in einem Notizbuch:* Highland Street. Ja, ja, stimmt. Du bist der Dreckkerl, den Honey und Sam gestern erwischt haben. Du hattest die Frechheit, im Distrikt 10 die Passanten zu belästigen. Wir haben es bei einer 15 Tracht Prügel bewenden lassen, weil wir annehmen konnten, du weißt nicht, wo Gott wohnt. Wenn du dich aber noch einmal blicken läßt, dann wird die Säge angewendet, verstehst du?

FILCH Bitte, Herr Peachum, bitte. Was soll ich denn machen, 20 Herr Peachum? Die Herren haben mich wirklich ganz blau geschlagen, und dann haben sie mir Ihre Geschäftskarte gegeben. Wenn ich meine Jacke ausziehe, würden Sie meinen, Sie haben einen Schellfisch vor sich.

PEACHUM Lieber Freund, solange du nicht wie eine Flunder 25 aussiehst, waren meine Leute verdammt nachlässig. Da kommt dieses junge Gemüse und meint, wenn es die Pfoten hinstreckt, dann hat es sein Steak im trocknen. Was würdest du sagen, wenn man aus deinem Teich die besten Forellen herausfischt? 30

FILCH Ja, sehen Sie, Herr Peachum – ich habe ja keinen Teich.

PEACHUM Also, Lizenzen werden nur an Professionals verliehen. *Zeigt geschäftsmäßig einen Stadtplan.* London ist eingeteilt in vierzehn Distrikte. Jeder Mann, der in einem davon das Bettlerhandwerk auszuüben gedenkt, braucht 35

---

1. *aller Mittel entblößt* deprived of all means 4. *sagen . . . auf: auf-sagen* to recite
15. *wir haben es . . . bewenden lassen* we let it go at a good thrashing 17. *wo Gott wohnt* lit. where God lives = what's what 18. *blicken läßt: sich blicken lassen, ie, a* to show up 25. *die Flunder, -n* flounder (a flat saltwater fish) 27. *dieses junge Gemüse* lit. this young vegetable; these young kids 28. *hat es sein Steak im trocknen* the familiar idiom is *"sein Schäfchen im trocknen haben"* lit. to have one's little sheep where it's dry = to have taken care of one's own interests

eine Lizenz von Jonathan Jeremiah Peachum & Co. Ja, da könnte jeder kommen – eine Beute seiner Triebe.

FILCH Herr Peachum, wenige Schillinge trennen mich vom völligen Ruin. Es muß etwas geschehen, mit zwei Schillingen in der Hand ...

PEACHUM Zwanzig Schillinge.

FILCH Herr Peachum!

Zeigt flehend auf ein Plakat, auf dem steht: »Verschließt euer Ohr nicht dem Elend!«

Peachum zeigt auf den Vorhang vor einem Schaukasten, auf dem steht: »Gib, so wird dir gegeben!«

FILCH Zehn Schillinge.

PEACHUM Und fünfzig Prozent bei wöchentlicher Abrechnung. Mit Ausstattung siebzig Prozent.

FILCH Bitte, worin besteht denn die Ausstattung?

PEACHUM Das bestimmt die Firma.

FILCH In welchem Distrikt könnte ich denn da antreten?

PEACHUM Baker Street 2–104. Da ist es sogar billiger. Da sind es nur fünfzig Prozent mit Ausstattung.

FILCH Bitte sehr. *Er bezahlt.*

PEACHUM Ihr Name?

FILCH Charles Filch.

PEACHUM Stimmt. *Schreit:* Frau Peachum! *Frau Peachum kommt.* Das ist Filch. Nummer dreihundertvierzehn. Distrikt Baker Street. Ich trage selbst ein. Natürlich, jetzt gerade vor der Krönungsfeierlichkeit wollen Sie eingestellt werden: die einzige Zeit in einem Menschenalter, wo eine Kleinigkeit herauszuholen wäre. Ausstattung C. *Er öffnet den Leinenvorhang vor einem Schaukasten, in dem fünf Wachspuppen stehen.*

FILCH Was ist das?

PEACHUM Das sind die fünf Grundtypen des Elends, die geeignet sind, das menschliche Herz zu rühren. Der Anblick solcher Typen versetzt den Menschen in jenen unnatürlichen Zustand, in welchem er bereit ist, Geld herzugeben.

11. *auf dem es steht* on which is written 13. *bei wöchentlicher Abrechnung* with a weekly accounting 25. *ich trage selbst ein: ein-tragen, u, a* to enter in an account; I enter it myself 27. *wo eine Kleinigkeit herauszuholen wäre* where a little money could be made
Page 9: 1. *Verkehrsfortschritt: der Verkehr* traffic; *der Fortschritt, -e* improvement, progress; *der Verkehrsfortschritt, -e* improvement of traffic 2. *er macht . . . vor: vor-machen* to demonstrate 5. *Ekelwirkung: der Ekel* disgust; *die Wirkung, -en* effect; *die Ekelwirkung* disgust-effect 6. *gemildert durch Ehrenzeichen: mildern* to soften, tone down; *das Ehrenzeichen* badge of honor; toned down by medals 8. *die Hohe Schule* term used in the training of horses; here: expert training 13. *So was*

8

Ausstattung A: Opfer des Verkehrsfortschritts. Der muntere Lahme, immer heiter – *er macht ihn vor* –, immer sorglos, verschärft durch einen Armstumpf.

Ausstattung B: Opfer der Kriegskunst. Der lästige Zitterer, belästigt die Passanten, arbeitet mit Ekelwirkung – *er macht ihn vor* –, gemildert durch Ehrenzeichen.

Ausstattung C: Opfer des industriellen Aufschwungs. Der bejammernswerte Blinde oder die Hohe Schule der Bettelkunst. *Er macht ihn vor, indem er auf Filch zuwankt. Im Moment, wo er an Filch anstößt, schreit dieser entsetzt auf. Peachum hält sofort ein, mustert ihn erstaunt und brüllt plötzlich:* E r h a t M i t l e i d ! Sie werden in einem Menschenleben kein Bettler! So was taugt höchstens zum Passanten! Also Ausstattung D! Celia, du hast schon wieder getrunken! Und jetzt siehst du nicht aus den Augen. Nummer hundertsechsunddreißig hat sich beschwert über seine Kluft. Wie oft soll ich dir sagen, daß ein Gentleman keine dreckigen Kleidungsstücke auf den Leib nimmt. Nummer hundertsechsunddreißig hat ein nagelneues Kostüm bezahlt. Die Flecken, das einzige, was daran Mitgefühl erregen kann, waren hineinzubekommen, indem man einfach Stearinkerzenwachs hineinbügelte. Nur nicht denken! Alles soll man allein machen! *Zu Filch:* Zieh dich aus und zieh das an, aber halt es im Stande!

FILCH Und was geschieht mit meinen Sachen?

PEACHUM Gehören der Firma. Ausstattung E: Junger Mann, der bessere Tage gesehen hat, beziehungsweise dem es nicht an der Wiege gesungen wurde.

FILCH Ach so, das verwenden Sie wieder? Warum kann i c h das nicht mit den besseren Tagen machen?

PEACHUM Weil einem niemand sein eigenes Elend glaubt, mein Sohn. Wenn du Bauchweh hast und du sagst es, dann berührt das nur widerlich. Im übrigen hast du überhaupt nichts zu fragen, sondern diese Sachen anzuziehen.

FILCH Sind sie nicht ein wenig schmutzig? *Da Peachum ihn*

Such stuff; derisive connotation when used in reference to human beings; may be translated here: the likes of you; *taugt höchstens zum Passanten: taugen* to be fit for, be good; at most is fit to be a passer-by 15. *und jetzt . . . Augen* lit. and now you don't see out of your eyes = you can't see straight 19. *nagelneu* new as a nail = brand-new 21. *waren hineinzubekommen* had to be applied 22. *nur nicht denken!* just don't don't think! (heavily sarcastic) 24. *halt . . . im Stande: im Stande halten, ie, a* to keep in good condition 27. *dem es nicht an der Wiege gesungen wurde (idiom)* to whom it was not sung at the cradle = it was not predicted for him 32. *dann berührt das nur widerlich: berühren* to touch, affect; *widerlich* disgusting; it only repels *durchbohrend anblickt:* Entschuldigen Sie, bitte, entschuldigen Sie.

FRAU PEACHUM Jetzt mach mal ein bißchen plötzlich, Kleiner, ich halte dir deine Hosen nicht bis Weihnachten.

5 FILCH *plötzlich ganz heftig:* Aber meine Stiefel ziehe ich nicht aus! Auf gar keinen Fall. Da verzichte ich lieber. Das ist das einzige Geschenk meiner armen Mutter, und niemals, nie, ich mag noch so tief gesunken ...

FRAU PEACHUM Red keinen Unsinn, ich weiß doch, daß du 10 dreckige Füße hast.

FILCH Wo soll ich meine Füße auch waschen? Mitten im Winter!

Frau Peachum bringt ihn hinter einen Wandschirm, dann setzt sie sich links und bügelt Kerzenwachs in einen Anzug.

PEACHUM Wo ist deine Tochter?

15 FRAU PEACHUM Polly? Oben!

PEACHUM War dieser Mensch gestern wieder hier? Der immer kommt, wenn ich weg bin!

FRAU PEACHUM Sei nicht so mißtrauisch, Jonathan, es gibt keinen feineren Gentleman, der Herr Captn hat sehr viel 20 übrig für unsere Polly.

PEACHUM So.

FRAU PEACHUM Und wenn ich nur für zehn Pennies Grips hier habe, dann findet ihn Polly auch sehr nett.

25 PEACHUM Celia, du schmeißt mit deiner Tochter um dich, als ob ich Millionär wäre! Sie soll wohl heiraten? Glaubst du denn, daß unser Dreckladen noch eine Woche lang geht, wenn dieses Geschmeiß von Kundschaft nur u n s e r e Beine zu Gesicht bekommt? Ein Bräutigam! Der hätte uns doch sofort in den Klauen! S o hätte er uns! Meinst du, daß deine 30 Tochter im Bett besser ihr Maul hält als du?

FRAU PEACHUM Du hast eine nette Vorstellung von deiner Tochter!

PEACHUM Die schlechteste. Die allerschlechteste. Nichts als ein Haufen Sinnlichkeit!

35 FRAU PEACHUM Die hat sie jedenfalls nicht von dir.

---

3. *mach mal ein bißchen plötzlich* make it a bit sudden = get a move on! 6. *Auf gar keinen Fall* in absolutely no case, under no circumstances; *Da verzichte ich lieber* I'd rather do without 8. *ich mag ... gesunken = ich mag noch so tief gesunken sein* how ever low I might have sunk 19. *hat sehr viel übrig für: etwas übrig haben für* to be fond of 22. *Grips ... habe: Grips haben (coll.)* to have brains, be smart 24. *du ... um dich:* the familiar idiom is *"mit Geld um sich schmeißen, i, i"* to throw money around, squander. Brecht implies that for Peachum a daughter is the equivalent of money; you squander your daughter 27. *dieses Geschmeiß von Kundschaft:* this scum of customers = these customers, this scum 28. *zu Gesicht bekommt: zu Gesicht bekommen, a, o* to catch sight of 30. *ihr Maul hält* keeps her mouth shut 34. *ein Haufen Sinnlichkeit* a heap of sensuality; *die = die Sinnlichkeit*

PEACHUM Heiraten! Meine Tochter soll für mich das sein, was das Brot für den Hungrigen – *er blättert nach* –; das steht sogar irgendwo in der Bibel. Heiraten, das ist überhaupt so eine Schweinerei. Ich will ihr das Heiraten schon austreiben.

FRAU PEACHUM Jonathan, du bist einfach ungebildet.   *5*

PEACHUM Ungebildet! Wie heißt er denn, der Herr?

FRAU PEACHUM Man heißt ihn immer nur den »Captn«.

PEACHUM So, ihr habt ihn nicht einmal nach seinem Namen gefragt? Interessant!

FRAU PEACHUM Wir werden doch nicht so plump sein und ihn   *10* nach seinem Geburtsschein fragen, wenn er so vornehm ist und uns beide ins Tintenfisch-Hotel einlädt zu einem kleinen Step.

PEACHUM Wohin?

FRAU PEACHUM Ins Tintenfisch zu einem kleinen Step.   *15*

PEACHUM Captn? Tintenfisch-Hotel? So, so, so . . .

FRAU PEACHUM Der Herr hat meine Tochter und mich immer nur mit Glacéhandschuhen angefaßt.

PEACHUM Glacéhandschuhe!

FRAU PEACHUM Er hat übrigens wirklich immer Handschuhe   *20* an, und zwar weiße: weiße Glacéhandschuhe.

PEACHUM So, weiße Handschuhe und einen Stock mit einem Elfenbeingriff und Gamaschen an den Schuhen und Lackschuhe und ein bezwingendes Wesen und eine Narbe . . .

FRAU PEACHUM Am Hals. Wieso kennst du denn den schon   *25* wieder?

Filch kriecht aus der Box.

FILCH Herr Peachum, könnte ich nicht noch einen Tip bekommen, ich bin immer für ein System gewesen und nicht, daß man so etwas Zufälliges daherredet.   *30*

FRAU PEACHUM Ein System muß er haben!

PEACHUM Er soll einen Idioten machen. Du kommst heute abend um sechs Uhr, da wird dir das Nötige beigebracht werden. Verroll dich!

FILCH Danke sehr, Herr Peachum, tausend Dank. *Ab.*   *35*

---

2. *was das Brot für den Hungrigen (sein soll); er blättert nach: nach-blättern* to turn the pages   4. *ich will ihr das Heiraten schon austreiben: das Heiraten* getting married; *aus-treiben, ie, ie* to drive out, beat out; I'll beat getting married out of her   15. *Step (Engl.)* dance   25. *Wieso . . . schon wieder* How is it you know him again = is there anybody you don't know   28. *Tip (Engl.)* piece of information   30. *etwas Zufälliges daherredet: etwas Zufälliges* something incidental; *daher-reden* to talk idly; chats about anything that comes to mind   32. *einen Idioten machen* to act a nitwit   33. *da . . . beigebracht werden: bei-bringen, a, a (Dat.)* to teach to; you will be taught the necessary   34. *verroll dich!: sich verrollen (coll.)* to leave; scram!

PEACHUM Fünfzig Prozent! – Und jetzt werde ich dir auch sagen, wer dieser Herr mit den Handschuhen ist – Mackie Messer!

Er läuft die Treppe hinauf in Pollys Schlafzimmer.

FRAU PEACHUM Um Gottes willen! Mackie Messer! Jesus! Komm, Herr Jesus, sei unser Gast! – Polly! Was ist mit Polly?

Peachum kommt langsam zurück.

PEACHUM Polly? Polly ist nicht nach Hause gekommen. Das Bett ist unberührt.

FRAU PEACHUM Da hat sie mit dem Wollhändler soupiert. Sicher, Jonathan!

PEACHUM Gott gebe, daß es der Wollhändler war!

Vor den Vorhang treten Herr und Frau Peachum und singen. Songbeleuchtung: goldenes Licht. Die Orgel wird illuminiert. An einer Stange kommen von oben drei Lampen herunter und auf den Tafeln steht:

DER ANSTATT-DASS-SONG

I

PEACHUM

Anstatt daß
Sie zu Hause bleiben und in ihrem Bett
Brauchen sie Spaß!
Grad als ob man ihnen eine Extrawurst gebraten hätt.

FRAU PEACHUM

Das ist der Mond über Soho
Das ist der verdammte »Fühlst-du-mein-Herz-Schlagen«-Text
Das ist das »Wenn du wohin gehst, geh auch ich wohin, Johnny!«
Wenn die Liebe anhebt und der Mond noch wächst.

6. *Komm, Herr Jesus, sei unser Gast, und segne was Du uns bescheret hast* (a prayer said before meals) 11. *soupiert: soupieren* to dine in a distinguished restaurant 13. *Gott gebe* may God grant 15. *Songbeleuchtung* stage lighting while a song is sung 19. *anstatt daß* instead of 22. *grad als ob* just as if; *eine Extrawurst (coll.)* a special sausage = something special

2

PEACHUM

Anstatt daß
Sie was täten, was 'nen Sinn hat und 'nen Zweck
Machen sie Spaß!
Und verrecken dann natürlich glatt im Dreck.

BEIDE

Wo ist dann ihr Mond über Soho?   5
Wo bleibt dann ihr verdammter »Fühlst-du-mein-Herz-
        Schlagen«-Text
Wo ist dann das »Wenn du wohin gehst, geh auch ich wohin,
        Johnny!«
Wenn die Liebe aus ist und im Dreck du verreckst?   10

2

TIEF IM HERZEN SOHOS FEIERT DER BANDIT MACKIE MESSER SEINE
HOCHZEIT MIT POLLY PEACHUM, DER TOCHTER DES BETTLER-
KÖNIGS.

Leerer Pferdestall

MATTHIAS *genannt Münz-Matthias, leuchtet den Stall ab, mit*   15
    Revolver: Hallo, Hände hoch, wenn jemand hier ist!
    Macheath tritt ein, macht einen Rundgang an der Rampe
    entlang.
MACHEATH Na, ist jemand da?
MATTHIAS Kein Mensch! Hier können wir ruhig unsere Hoch-   20
    zeit feiern.
POLLY *tritt im Brautkleid ein:* Aber das ist doch ein Pferde-
    stall!

---

4. *verrecken* to die = (sl.) to croak   15. *Münz-Matthias: die Münze, -n* coin;
Money Matthew, Matt of the Mint; *leuchtet . . . ab: ab-leuchten* to examine with a
light   17. *an der Rampe entlang* along the apron of the stage

MAC Setz dich einstweilen auf die Krippe, Polly. *Zum Publikum:* In diesem Pferdestall findet heute meine Hochzeit mit Fräulein Polly Peachum statt, die mir aus Liebe gefolgt ist, um mein weiteres Leben mit mir zu teilen.

5 MATTHIAS Viele Leute in London werden sagen, daß es das Kühnste ist, was du bis heute unternommen hast, daß du Herrn Peachums einziges Kind aus seinem Hause gelockt hast.

MAC Wer ist Herr Peachum?

10 MATTHIAS Er selber wird sagen, daß er der ärmste Mann in London sei.

POLLY Aber hier kannst du doch nicht unsere Hochzeit feiern wollen? Das ist doch ein ganz gewöhnlicher Pferdestall! Hier kannst du doch den Herrn Pfarrer nicht herbitten.

15 Noch dazu gehört er nicht mal uns. Wir sollten wirklich nicht mit einem Einbruch unser neues Leben beginnen, Mac. Das ist doch der schönste Tag unseres Lebens.

MAC Liebes Kind, es wird alles geschehen, wie du es wünschest. Du sollst deinen Fuß nicht an einen Stein stoßen.

20 Die Einrichtung wird eben auch schon gebracht.

MATTHIAS Da kommen die Möbel.

Man hört große Lastwagen anfahren, ein halbes Dutzend Leute kommen herein, die Teppiche, Möbel, Geschirr usw. schleppen, womit sie den Stall in ein übertrieben feines

25 *Lokal verwandeln.*[1] *

MAC Schund.

Die Herren stellen links die Geschenke nieder, gratulieren der Braut, referieren dem Bräutigam.[2]

JAKOB *genannt Hakenfinger-Jakob:* Glückwunsch! Ginger

30 Street 14 waren Leute im ersten Stock. Wir mußten sie erst ausräuchern.

ROBERT *genannt Säge-Robert:* Glückwunsch. Am Strand ging ein Konstabler hops.

* Die Hinweise (1 usw.) im Text beziehen sich auf die »Winke für Schauspieler«, Seite 99.

---

14. *herbitten: her-bitten, a, e* to ask to come, invite   15. *Noch dazu gehört er nicht mal uns* In addition it doesn't even belong to us   28. *referieren dem Bräutigam* report to the bridegroom   29. *Hakenfinger-Jakob* Hook-finger Jacob   32. *Säge-Robert* Robert the Saw;   *Am Strand* the Strand, street in London   33. *ging ein Konstabler hops (sl.)* a cop got bumped off

MAC Dilettanten.

EDE Wir haben getan, was wir konnten, aber drei Leute in Westend waren nicht zu retten. Glückwunsch.

MAC Dilettanten und Pfuscher.

JIMMY Ein älterer Herr hat etwas abbekommen. Ich glaube aber nicht, daß es etwas Ernstes ist. Glückwunsch.

MAC Meine Direktive lautete: Blutvergießen ist zu vermeiden. Mir wird wieder ganz schlecht, wenn ich daran denke. Ihr werdet nie Geschäftsleute werden! Kannibalen, aber keine Geschäftsleute!

WALTER *genannt Trauerweiden-Walter:* Glückwunsch. Das Cembalo, meine Dame, gehörte noch vor einer halben Stunde der Herzogin von Somersetshire.

POLLY Was sind das für Möbel?

MAC Wie gefallen dir die Möbel, Polly?

POLLY *weint:* Die vielen armen Leute, wegen der paar Möbel.

MAC Und was für Möbel! Schund! Du hast ganz recht, wenn du dich ärgerst. Ein Rosenholz-Cembalo und dann ein Renaissance-Sofa. Das ist unverzeihlich. Wo ist überhaupt ein Tisch?

WALTER Ein Tisch?

Sie legen über Krippen einige Bretter.

POLLY Ach Mac! Ich bin ganz unglücklich! Hoffentlich kommt wenigstens der Herr Pfarrer nicht.

MATTHIAS Natürlich. Wir haben ihm den Weg ganz genau beschrieben.

WALTER *führt den Tisch vor:* Ein Tisch!

MAC *da Polly weint:* Meine Frau ist außer sich. Wo sind denn überhaupt die anderen Stühle? Ein Cembalo und keine Stühle! Nur nicht denken. Wenn ich mal Hochzeit feiere, wie oft kommt das schon vor? Halt die Fresse, Trauerweide! Wie oft kommt das schon vor, sag ich, daß ich euch schon was überlasse? Da macht ihr meine Frau von Anfang an unglücklich.

EDE Liebe Polly . . .

---

3. *Westend* West End of London   5. *etwas ab-bekommen, a, o* to get a share, *(coll.)* to get hurt   8. *Mir wird wieder ganz schlecht* I begin to feel quite nauseous again   11. *Trauerweiden-Walter: die Trauerweide, -n* weeping willow; Walter the Weeper   27. *führt den Tisch vor: vor-führen* to present; presents the table   28. *Meine Frau ist außer sich* My wife is beside herself   31. *Halt die Fresse: die Fresse (vulg.)* mouth; Shut your trap

MAC *haut ihm den Hut vom Kopf* [3]: »Liebe Polly«! Ich werde dir deinen Kopf in den Darm hauen mit »liebe Polly«, du Dreckspritzer. Hat man so etwas schon gehört, »liebe Polly«! Hast du mit ihr etwa geschlafen?

POLLY Aber Mac!

EDE Also ich schwöre . . .

WALTER Gnädige Frau, wenn einige Ausstattungsstücke fehlen sollten, wollen wir eben noch einmal . . .

MAC Ein Rosenholz-Cembalo und keine Stühle. *Lacht.* Was sagst du dazu als Braut?

POLLY Das ist wirklich nicht das Schlimmste.

MAC Zwei Stühle und ein Sofa, und das Brautpaar setzt sich auf den Boden!

POLLY Ja, das wär so was!

MAC *scharf:* Diesem Cembalo die Beine absägen! Los! Los!

VIER LEUTE *sägen die Beine des Cembalos ab und singen dabei:*
Bill Lawgen und Mary Syer
Wurden letzten Mittwoch Mann und Frau.
Als sie drin standen vor dem Standesamt
Wußte er nicht, woher ihr Brautkleid stammt
Aber sie wußte seinen Namen nicht genau.
Hoch!

WALTER Und so wird zum guten Ende doch noch eine Bank daraus, gnädige Frau!

MAC Dürfte ich die Herren jetzt bitten, die dreckigen Lumpen abzulegen und sich anständig herzurichten? Schließlich ist es nicht die Hochzeit eines Irgendjemand. Polly, darf ich dich bitten, daß du dich um die Freßkörbe kümmerst?

POLLY Ist das das Hochzeitsessen? Ist alles gestohlen, Mac?

MAC Natürlich, natürlich.

POLLY Ich möchte wissen, was du machst, wenn es an die Tür klopft und der Sheriff kommt herein?

MAC Das werde ich dir zeigen, was dein Mann da macht.

---

1. *ich werde dir deinen Kopf in den Darm hauen* I'll knock your head into your guts
7. *Gnädige Frau* Madam   14. *das wäre so was* that would be something = wouldn't that be something   15. *Diesem Cembalo die Beine absägen! (Imperative)* Saw off the legs of this Harpsichord!   20. *woher ihr Brautkleid stammt* where her bride's gown came from   22. *Hoch!* Cheers!   23. *Und so wird zum guten Ende doch noch eine Bank draus: zum guten Ende* in the end (cf. all's well that ends well); and so in the end we get a bench out of it   25. *Dürfte ich die Herren jetzt bitten* Might I now ask the gentlemen
Page 17:   1. *Ganz ausgeschlossen* Totally out of the question   6. *So was von Versagen* What incompetence   8. *Chippendale* style of furniture named after the English

MATTHIAS Ganz ausgeschlossen heute. Alle berittenen Konstabler sind selbstverständlich in Daventry. Sie holen die Königin ab, wegen der Krönung am Freitag.

POLLY Zwei Messer und vierzehn Gabeln! Für jeden Stuhl ein Messer.   5

MAC So was von Versagen! Lehrlingsarbeit ist das, nicht die Arbeit reifer Männer! Habt ihr denn keine Ahnung von Stil? Man muß doch Chippendale von Louis Quatorze unterscheiden können.

Die Bande kehrt zurück, die Herren tragen jetzt elegante   10
Abendanzüge, bewegen sich aber leider im folgenden nicht
dementsprechend.

WALTER Wir wollten eigentlich die wertvollsten Sachen bringen. Sieh dir mal das Holz an! Das Material ist absolut erstklassig.   15

MATTHIAS Ssst! Ssst! Gestatten Sie, Captn . . .

MAC Polly, komm mal her.

Das Paar stellt sich in Gratulationspositur.

MATTHIAS Gestatten Sie, Captn, daß wir Ihnen am schönsten Tag Ihres Lebens, in der Maienblüte Ihrer Laufbahn, wollte   20
sagen, Wendepunkt, die herzlichsten und zugleich dringendsten Glückwünsche darbringen und so weiter. Ist ja ekelhaft, dieser gespreizte Ton. Also kurz und gut – *schüttelt Mac die Hand:* Kopf hoch, altes Haus!

MAC Ich danke dir, das war nett von dir, Matthias.   25

MATTHIAS *Polly die Hand schüttelnd, nachdem er Mac gerührt umarmt hat:* Ja, das sind Herzenstöne! Na also, Kopf nicht sinken lassen, alte Schaluppe, das heißt – *grinsend* –, was den Kopf betrifft, den darf er nicht sinken lassen.

Brüllendes Gelächter der Gäste. Plötzlich legt Mac Matthias   30
mit einem leichten Griff um.

MAC Halt die Schnauze. Deine Zoten kannst du bei deiner Kitty absetzen, das ist die richtige Schlampe dafür.

POLLY Mac, sei nicht so ordinär.

---

designer, Thomas Chippendale (1709-1779)   8. *Louis Quatorze*   French style named after Louis XIV (1643-1715)   18. *Gratulationspositur*   a position suitable for receiving congratulations   20. *Maienblüte*   blossoming of May = springtime; *wollte sagen = ich wollte sagen*   23. *dieser gespreizte Ton*   this stilted tone; *kurz und gut (coll.)   in short*   24. *Kopf hoch*   head up, cf. chin up; *altes Haus (coll.)   lit.* old house, here: old buddy   27. *Herzenstöne: das Herz, -en* heart; *der Ton, ⁻e sound; sounds from the heart* = heartfelt words; *Kopf nicht sinken lassen* don't let your head droop   28. *alte Schaluppe* (you) old sloop; *was . . . betrifft* in regard to   30. *Plötzlich . . . Griff um* Suddenly Mac floors Matthias with an effortless hold (as in jujitsu)   32. *Deine Zoten . . . Kitty absetzen* You can unload your obscenities on Kitty

MATTHIAS Also, da möcht ich doch protestieren, daß du Kitty eine Schlampe ... *Steht mühsam wieder auf.*

MAC So, da mußt du protestieren?

5 MATTHIAS Und überhaupt, Zoten nehme ich ihr gegenüber niemals in mein Maul. Dazu achte ich Kitty viel zu hoch. Was du vielleicht gar nicht verstehst, so wie du gebaut bist. Du hast grade nötig, von Zoten zu reden. Meinst du, Lucy hat mir nicht gesagt, was du ihr gesagt hast! Da bin ich überhaupt ein Glacéhandschuh dagegen.

10 *Mac blickt ihn an.*

JAKOB Komm, komm, es ist doch Hochzeit. *Sie ziehen ihn weg.*

MAC Schöne Hochzeit, was, Polly? Diese Dreckhaufen mußt du um dich sehen am Tage deiner Eheschließung. Das hättest du dir auch nicht gedacht, daß dein Mann so von seinen

15 Freunden im Stich gelassen würde! Kannst du was lernen.

POLLY Ich find's ganz hübsch.

ROBERT Quatsch. Von Im-Stich-Lassen ist gar keine Rede. Eine Meinungsverschiedenheit kann doch überall mal vorkommen. Deine Kitty ist ebenso gut wie jede andere. Aber

20 jetzt rück mal mit deinem Hochzeitsgeschenk heraus, alte Münze.

ALLE Na, los, los!

MATTHIAS *beleidigt:* Da.

POLLY Ach, ein Hochzeitsgeschenk. Das ist aber nett von

25 Ihnen, Herr Münz-Matthias. Schau mal her, Mac, was für ein schönes Nachthemd.

MATTHIAS Vielleicht auch eine Zote, was, Captn?

MAC Ist schon gut. Wollte dich nicht kränken an diesem Ehrentage.

30 WALTER Na, und das? Chippendale! *Er enthüllt eine riesenhafte Chippendale-Standuhr.*

MAC Quatorze.

POLLY Die ist großartig. Ich bin so glücklich. Ich finde keine Worte. Ihre Aufmerksamkeiten sind so phantastisch. Schade,

35 daß wir keine Wohnung dafür haben, nicht, Mac?

4. *Zoten nehme ... Maul* in her presence I never take obscenities into my mouth = I never tell her dirty jokes   6. *Du hast grad nötig von Zoten zu reden* You're a fine one to talk about dirty jokes   8. *Da bin ich ... dagegen: dagegen* in comparison; Compared to you I am a kid glove (gentle and formal)   15. *Kannst du was lernen* You can learn something = let that be a lesson to you   17. *von Im-Stich-Lassen ist gar keine Rede* there is no talk of "leaving in the lurch" = nobody is thinking of leaving (you) in the lurch   20. *rück mal ... heraus: heraus-rücken (mit)* to come forth (with); *alte Münze* old coin, here: old chap   22. *los!* let's go!   25. *Schau mal her* Look at that   28. *Ist schon gut* That's all right
Page 19: 1. *Aller Anfang ist schwer (proverb)* All beginnings are hard   2. *Dank dir = ich danke dir; räumt ... weg: weg-räumen* to clear away   7. *das ... zu sagen =*

18

MAC Na, betrachte es als den Anfang. Aller Anfang ist schwer. Dank dir auch bestens, Walter. Na, räumt mal das Zeug da weg. Das Essen!

JAKOB *während die anderen schon decken:* Ich habe natürlich wieder nichts mitgebracht. *Eifrig zu Polly:* Sie dürfen mir glauben, junge Frau, daß mir das sehr unangenehm ist.

POLLY Herr Hakenfinger-Jakob, das hat rein gar nichts zu sagen.

JAKOB Die ganzen Jungens schmeißen nur so mit Geschenken um sich, und ich stehe so da. Sie müssen sich in meine Lage versetzen. Aber so geht es mir immer. Ich könnte Ihnen da Lagen aufzählen! Mensch, da steht Ihnen der Verstand still. Da treffe ich neulich die Spelunken-Jenny, na, sage ich, alte Sau . . . *Sieht plötzlich Mac hinter sich stehen und geht wortlos weg.*

MAC *führt Polly zu ihrem Platz:* Das ist das beste Essen, das du an diesem Tage kosten wirst, Polly. Darf ich bitten! *Alles setzt sich zum Hochzeitsessen.*[4]

EDE *auf das Service deutend:* Schöne Teller, Savoy-Hotel.

JAKOB Die Mayonnaise-Eier sind von Selfridge. Es war noch ein Kübel Gänseleberpastete vorgesehen. Aber den hat Jimmy unterwegs aus Wut aufgefressen, weil er ein Loch hatte.

WALTER Man sagt unter feinen Leuten nicht Loch.

JIMMY Friß die Eier nicht so hinunter, Ede, an diesem Tage!

MAC Kann nicht einer mal was singen? Was Ergötzliches?

MATTHIAS *verschluckt sich vor Lachen:* Was Ergötzliches? Das ist ein prima Wort. *Er setzt sich unter Macs vernichtendem Blick verlegen nieder.*

MAC *haut einem die Schüssel aus der Hand:* Ich wollte eigentlich noch nicht mit dem Essen anfangen. Ich hätte es lieber gesehen, wenn es bei euch nicht gleich »ran an den Tisch und rein in die Freßkübel« geheißen hätte, sondern erst irgend etwas Stimmungsvolles vorgegangen wäre. Bei anderen Leuten findet doch an solchem Tage auch etwas statt.

---

don't give it another thought   9. *die ganzen Jungens* all the boys; *nur so* just like that   11. *so geht es mir immer* that's the way it always goes with me   12. *Mensch!* (exclamatory remark) Man!   *da steht Ihnen der Verstand still* that's beyond your comprehension   13. *Spelunken-Jenny: die Spelunke, -n* disreputable bar, dive; Jenny of the dives   17. *Darf ich bitten* May I ask (you to begin)?   20. *Selfridge* London department store   *Es war . . . vorgesehen* A bucket of gooseliver paté had been planned on   22. *aus Wut* out of fury   25. *friß . . . hinunter: hinunter-fressen* to gobble down   26. *was Ergötzliches* something delectable   32. *wenn es bei . . . geheißen hätte* if it hadn't been immediately "on-with-the-food-and-into-the-trough" with you   34. *etwas Stimmungsvolles; stimmungsvoll* full of feeling   35. *findet . . . etwas statt* something takes place (such as a presentation or performance)

JAKOB Was zum Beispiel?

MAC Soll ich alles selber ausdenken? Ich verlange ja keine Oper hier. Aber irgendwas, was nicht bloß in Fressen und Zotenreißen besteht, hättet ihr schließlich auch vorbereiten können. Na ja, an solchem Tage zeigt es sich eben, wie man auf seine Freunde zählen kann.

POLLY Der Lachs ist wunderbar, Mac.

EDE Ja, einen solchen haben Sie noch nicht gefuttert. Das gibt's bei Mackie Messer alle Tage. Da haben Sie sich richtig in den Honigtopf gesetzt. Ich habe immer gesagt: Mac ist mal eine Partie für ein Mädchen, das Sinn für Höheres hat. Das habe ich noch gestern zu Lucy gesagt.

POLLY Lucy? Wer ist Lucy, Mac?

JAKOB *verlegen:* Lucy? Ach, wissen Sie, das dürfen Sie nicht so ernst nehmen.

Matthias ist aufgestanden und macht hinter Polly große Armbewegungen, um Jakob zum Schweigen zu bringen.

POLLY *sieht ihn:* Fehlt Ihnen etwas? Vielleicht Salz . . .? Was wollten Sie eben sagen, Herr Jakob?

JAKOB Oh, nichts, gar nichts. Ich wollte wirklich hauptsächlich gar nichts sagen. Ich werde mir hier mein Maul verbrennen.

MAC Was hast du da in der Hand, Jakob?

JAKOB Ein Messer, Captn.

MAC Und was hast du denn auf dem Teller?

JAKOB Eine Forelle, Captn.

MAC So, und mit dem Messer, nicht wahr, da ißt du die Forelle. Jakob, das ist unerhört, hast du so was schon gesehen, Polly? Ißt den Fisch mit dem Messer! Das ist doch einfach eine Sau, der so was macht, verstehst du mich, Jakob? Da kannst du was lernen. Du wirst allerhand zu tun haben, Polly, bis du aus solchen Dreckhaufen Menschen gemacht hast. Wißt ihr denn überhaupt, was das ist: ein Mensch?

WALTER Der Mensch oder das Mensch?

POLLY Pfui, Herr Walter!

MAC Also, ihr wollt kein Lied singen, nichts, was den Tag ver-

---

8. *gefuttert: futtern (coll.)* to eat heartily, stuff oneself; *Das gibt's = das gibt es* That is available   11. *eine Partie . . . das Sinn für Höheres hat* a match for a girl that has a feeling for higher things   18. *Fehlt Ihnen etwas?* Are you missing something?   21. *Ich werde . . . verbrennen lit.* I'll burn my mouth here = (Am. eq.) I'll be putting my foot in my mouth   30. *Du wirst allerhand zu tun haben* You'll have a lot to do   33. *das Mensch (derogatory term)* slovenly, disreputable female = slut   34. *pfui!* yuck!, ecch!

schönt. Es soll wieder ein so trauriger, gewöhnlicher, verdammter Drecktag sein wie immer? Steht überhaupt einer
vor der Tür? Das soll ich wohl auch selber besorgen? Soll
ich mich an diesem Tage selber vor die Tür stellen, damit ihr
euch hier auf meine Kosten vollstopfen könnt?   5
WALTER *muffig:* Was heißt das: meine Kosten?
JIMMY Hör doch auf, Walterchen! Ich gehe ja schon raus. Wer
soll denn hierher schon kommen! *Geht hinaus.*
JAKOB Das wäre ulkig, wenn an einem solchen Tage alle Hoch-
zeitsgäste hopsgingen!   10
JIMMY *stürzt herein:* Hallo, Captn, Polente!
WALTER Tiger-Brown!
MATTHIAS Unsinn, das ist Hochwürden Kimball.
Kimball kommt herein.
ALLE *brüllen:* Guten Abend, Hochwürden Kimball!   15
KIMBALL Na, da hab ich euch ja doch gefunden. Eine kleine
Hütte ist es, in der ich euch finde. Aber eigner Grund und
Boden.
MAC Des Herzogs von Devonshire.
POLLY Guten Tag, Hochwürden, ach, ich bin ganz glücklich,
daß Hochwürden am schönsten Tag unseres Lebens . . .   20
MAC Und jetzt bitte ich mir einen Kantus für Hochwürden
Kimball aus.
MATTHIAS Wie wäre es mit Bill Lawgen und Mary Syer?
JAKOB Doch, Bill Lawgen, das wäre vielleicht passend.
KIMBALL Wäre hübsch, wenn ihr eins steigen ließt, Jungens!
MATTHIAS Fangen wir an, meine Herren.
*Drei Mann erheben sich und singen, zögernd, matt und un-
sicher:*

DAS HOCHZEITSLIED FÜR ÄRMERE LEUTE   30

Bill Lawgen und Mary Syer
Wurden letzten Mittwoch Mann und Frau.

---

5. *auf meine Kosten* at my expense   7. *Walterchen (diminutive of endearment)*
Walter dear   8. *Wer soll denn hierher schon kommen?* Who's going to come here
anyway?   10. *hopsgingen: hops-gehen, i, a (coll.)* here: to get arrested, get picked up
11. *Polente: die Polente (sl.)* police, cops   17. *eigner Grund und Boden (commonly
paired)* your own ground and soil = your own land   26. *wäre hübsch = es wäre
hübsch; wenn ihr eins steigen ließt* lit. if you let one (a song) rise = if you raised
your voices in song

(Hoch sollen sie leben, hoch, hoch, hoch!)
Als sie drin standen vor dem Standesamt
Wußte er nicht, woher ihr Brautkleid stammt
Aber sie wußte seinen Namen nicht genau.
5   Hoch!

Wissen Sie, was Ihre Frau treibt? Nein!
Lassen Sie Ihr Lüstlingsleben sein? Nein!
(Hoch sollen sie leben, hoch, hoch, hoch!)
Billy Lawgen sagte neulich mir:
10   Mir genügt ein kleiner Teil von ihr!
Das Schwein.
Hoch!

MAC Ist das alles? Kärglich!
MATTHIAS *verschluckt sich wieder:* Kärglich, das ist das rich-
15   tige Wort, meine Herren, kärglich.
MAC Halt die Fresse!
MATTHIAS Na, ich meine nur, kein Schwung, kein Feuer und
       so was.
POLLY Meine Herren, wenn keiner etwas vortragen will, dann
20   will ich selber eine Kleinigkeit zum besten geben, und zwar
       werde ich ein Mädchen nachmachen, das ich einmal in einer
       dieser kleinen Vier-Penny-Kneipen in Soho gesehen habe.
       Es war das Abwaschmädchen, und Sie müssen wissen, daß
       alles über sie lachte und daß sie dann die Gäste ansprach und
25   zu ihnen solche Dinge sagte, wie ich sie Ihnen gleich vor-
       singen werde. So, das ist die kleine Theke, Sie müssen sie
       sich verdammt schmutzig vorstellen, hinter der sie stand
       morgens und abends. Das ist der Spüleimer und das ist der
       Lappen, mit dem sie die Gläser abwusch. Wo Sie sitzen,
30   saßen die Herren, die über sie lachten. Sie können auch
       lachen, daß es genau so ist; aber wenn Sie nicht können,
       dann brauchen Sie es nicht. *Sie fängt an, scheinbar die Gläser
       abzuwaschen und vor sich hin zu brabbeln.* Jetzt sagt zum

---

1. *Hoch sollen sie leben!* (*a common toast*)   Here's good luck! *Hoch!* Cheers!   2. *drin*
= *darin*   6. *treibt: treiben, ie, ie* to do; is up to   7. *Lassen Sie Ihr Lüstlingsleben
sein?* Will you give up your lascivious life?   20. *zum besten geben* contribute
27. *der* (relative pronoun referring to "die Theke")   33. *vor sich hin zu brabbeln: vor
sich hin-brabbeln (coll.)* to mutter to oneself

Beispiel einer von Ihnen – *auf Walter deutend* –, Sie: Na,
wann kommt denn dein Schiff, Jenny?

WALTER Na, wann kommt denn dein Schiff, Jenny?

POLLY Und ein anderer sagt, zum Beispiel Sie: Wäschst du
immer noch die Gläser auf, du Jenny, die Seeräuberbraut?   5

MATTHIAS Wäschst du immer noch die Gläser auf, du Jenny,
die Seeräuberbraut?

POLLY So, und jetzt fange ich an.

Songbeleuchtung: goldenes Licht. Die Orgel wird illu-
miniert. An einer Stange kommen von oben drei Lampen   10
herunter, und auf den Tafeln steht:

DIE SEERÄUBER-JENNY

1

Meine Herren, heute sehen Sie mich Gläser abwaschen
Und ich mache das Bett für jeden.
Und Sie geben mir einen Penny und ich bedanke mich schnell   15
Und Sie sehen meine Lumpen und dies lumpige Hotel
Und Sie wissen nicht, mit wem Sie reden.
Aber eines Abends wird ein Geschrei sein am Hafen
Und man fragt: Was ist das für ein Geschrei?
Und man wird mich lächeln sehn bei meinen Gläsern   20
Und man sagt: Was lächelt die dabei?
    Und ein Schiff mit acht Segeln
    Und mit fünfzig Kanonen
    Wird liegen am Kai.

2

Man sagt: Geh, wisch deine Gläser, mein Kind   25
Und man reicht mir den Penny hin.
Und der Penny wird genommen, und das Bett wird
        gemacht!

21. *Was lächelt die dabei?*   What does she have to smile about?

(Es wird keiner mehr drin schlafen in dieser Nacht.)
Und Sie wissen immer noch nicht, wer ich bin.
Aber eines Abends wird ein Getös sein am Hafen
Und man fragt: Was ist das für ein Getös?
5 Und man wird mich stehen sehen hinterm Fenster
Und man sagt: Was lächelt die so bös?
   Und das Schiff mit acht Segeln
   Und mit fünfzig Kanonen
   Wird beschießen die Stadt.

3
10 Meine Herren, da wird wohl Ihr Lachen aufhörn
Denn die Mauern werden fallen hin
Und die Stadt wird gemacht dem Erdboden gleich
Nur ein lumpiges Hotel wird verschont von jedem Streich
Und man fragt: Wer wohnt Besonderer darin?
15 Und in dieser Nacht wird ein Geschrei um das Hotel sein
Und man fragt: Warum wird das Hotel verschont?
Und man wird mich sehen treten aus der Tür gen Morgen
Und man sagt: Die hat darin gewohnt?
   Und das Schiff mit acht Segeln
20   Und mit fünfzig Kanonen
   Wird beflaggen den Mast.

4
Und es werden kommen hundert gen Mittag an Land
Und werden in den Schatten treten
Und fangen einen jeglichen aus jeglicher Tür
25 Und legen ihn in Ketten und bringen vor mir
Und fragen: Welchen sollen wir töten?
Und an diesem Mittag wird es still sein am Hafen
Wenn man fragt, wer wohl sterben muß.
Und dann werden Sie mich sagen hören: Alle!
30 Und wenn dann der Kopf fällt, sag ich: Hoppla!
   Und das Schiff mit acht Segeln

---

5. *hinterm = hinter dem*   13. *von jedem Streich* at each salvo   17. *gen Morgen: gen* (*archaic*) towards; towards morning   24. *einen jeglichen aus jeglicher Tür* (phrasing is reminiscent of Luther's Bible)   each and everyone out of each and every door

---

Und mit fünfzig Kanonen
Wird entschwinden mit mir.

MATTHIAS Sehr nett, ulkig, was? Wie die das so hinlegt, die
gnädige Frau!

MAC Was heißt das, nett? Das ist doch nicht nett, du Idiot!   *5*
Das ist doch Kunst und nicht nett. Das hast du großartig
gemacht, Polly. Aber vor solchen Dreckhaufen, entschuldigen Sie, Hochwürden, hat das ja gar keinen Zweck. *Leise
zu Polly:* Übrigens, ich mag das gar nicht bei dir, diese Verstellerei, laß das gefälligst in Zukunft. *Am Tisch entsteht ein*   *10*
Gelächter. Die Bande macht sich über den Pfarrer lustig.
Was haben Sie denn in Ihrer Hand, Hochwürden?

JAKOB Zwei Messer, Captn!

MAC Was haben Sie auf dem Teller, Hochwürden?

KIMBALL Lachs, denke ich.   *15*

MAC So, und mit dem Messer, nicht wahr, da essen Sie den
Lachs?

JAKOB Habt ihr so was schon gesehen, frißt den Fisch mit dem
Messer; wer so was macht, das ist doch einfach eine . . .

MAC Sau. Verstehst du mich, Jakob? Kannst du was lernen.   *20*

JIMMY *hereinstürzend:* Hallo, Captn, Polente. Der Sheriff
selber.

WALTER Brown, Tiger-Brown!

MAC Ja, Tiger-Brown, ganz richtig. Dieser Tiger-Brown ist es,
Londons oberster Sheriff ist es, der Pfeiler von Old Bailey,   *25*
der jetzt hier eintreten wird in Captn Macheaths armselige
Hütte. Könnt ihr was lernen!
Die Banditen verkriechen sich.

JAKOB Das ist dann eben der Galgen!
Brown tritt auf.   *30*

MAC Hallo, Jackie!

BROWN Hallo, Mac! Ich habe nicht viel Zeit, ich muß gleich
wieder gehen. Muß das ausgerechnet ein fremder Pferdestall
sein? Das ist doch wieder Einbruch!

---

3. *Wie die das so hinlegt* The way she puts it across   9. *ich mag . . . bei dir* I don't
like that in you   10. *laß das: etwas lassen, ie, a* to stop doing something   11. *macht
sich . . . lustig: sich lustig machen (über)* to poke fun (at)   25. *Old Bailey* Criminal
Court of Justice in London   29. *Das ist denn eben der Galgen* So, it's the gallows
(for us)   33. *ausgerechnet* of all things

MAC Aber Jackie, er liegt so bequem, freue mich, daß du gekommen bist, deines alten Macs Hochzeitsfeier mit-
zumachen. Da stelle ich dir gleich meine Gattin vor, ge-
borene Peachum. Polly, das ist Tiger-Brown, was, alter
Junge? *Klopft ihn auf den Rücken.* Und das sind meine
Freunde, Jackie, die dürftest du alle schon einmal gesehen
haben.

BROWN *gequält:* Ich bin doch privat hier, Mac.

MAC Sie auch. *Er ruft sie. Sie kommen, Hände hoch.* Hallo,
Jakob!

BROWN Das ist Hakenfinger-Jakob, das ist ein großes
Schwein.

MAC Hallo, Jimmy, hallo, Robert, hallo, Walter!

BROWN Na, für heute Schwamm drüber.

MAC Hallo, Ede, hallo, Matthias!

BROWN Setzen Sie sich, meine Herren, setzen Sie sich!

ALLE Besten Dank, Herr.

BROWN Freue mich, die charmante Gattin meines alten Freundes Mac kennenzulernen.

POLLY Keine Ursache, Herr!

MAC Setz dich, alte Schaluppe, und segel mal hinein in den
Whisky! – Meine Polly, meine Herren! Sie sehen heute in
Ihrer Mitte einen Mann, den der unerforschliche Ratschluß
des Königs hoch über seine Mitmenschen gesetzt hat und
der doch mein Freund geblieben ist in allen Stürmen und
Fährnissen und so weiter. Sie wissen, wen ich meine, und du
weißt ja auch, wen ich meine, Brown. Ach, Jackie, erinnerst
du dich, wie wir, du als Soldat und ich als Soldat, bei der
Armee in Indien dienten? Ach, Jackie, singen wir gleich das
Kanonenlied!

Sie setzen sich beide auf den Tisch.

*Songbeleuchtung: goldenes Licht. Die Orgel wird illumi-
niert. An einer Stange kommen von oben drei Lampen herunter, und auf den Tafeln steht:*

---

1. *er liegt so bequem* it is situated so conveniently; *freue mich* (ich) freue mich
2. *deines alten Macs* (*genitive*) 14. *Schwamm drüber* (*idiom*) sponge over it = forget
about it 20. *keine Ursache* no cause, don't mention it

DER KANONEN-SONG

1

John war darunter und Jim war dabei
Und Georgie ist Sergeant geworden
Doch die Armee, sie fragt keinen, wer er sei
Und sie marschierte hinauf nach dem Norden.   5
Soldaten wohnen
Auf den Kanonen
Vom Cap bis Couch Behar.
Wenn es mal regnete
Und es begegnete   10
Ihnen 'ne neue Rasse
'ne braune oder blasse
Da machen sie vielleicht daraus ihr Beefsteak Tartar.

2

Johnny war der Whisky zu warm
Und Jimmy hatte nie genug Decken   15
Aber Georgie nahm beide beim Arm
Und sagte: Die Armee kann nicht verrecken.
Soldaten wohnen
Auf den Kanonen
Vom Cap bis Couch Behar.   20
Wenn es mal regnete
Und es begegnete
Ihnen 'ne neue Rasse
'ne braune oder blasse
Da machen sie vielleicht daraus ihr Beefsteak Tartar. 25

3

John ist gestorben und Jim ist tot
Und Georgie ist vermißt und verdorben
Aber Blut ist immer noch rot
Und für die Armee wird jetzt wieder geworben!

2. *darunter* among them; *dabei* with them, at that place   8. *Vom Cap bis Couch Behar* From Cape Comorin to Cooch Behar = from one end of India to the other
13. *Beefsteak Tartar* raw chopped beef   14. *Johnny* (dative)

Indem sie sitzend mit den Füßen marschieren:
Soldaten wohnen
Auf den Kanonen
Vom Cap bis Couch Behar.
5   Wenn es mal regnete
Und es begegnete
Ihnen 'ne neue Rasse
'ne braune oder blasse
Da machen sie vielleicht daraus ihr Beefsteak Tartar.

10 MAC Obwohl das Leben uns, die Jugendfreunde, mit seinen
reißenden Fluten weit auseinandergerissen hat, obwohl
unsere Berufsinteressen ganz verschieden, ja, einige würden
sogar sagen, geradezu entgegengesetzt sind, hat unsere
Freundschaft alles überdauert. Da könntet ihr was lernen!
15 Kastor und Pollux, Hektor und Andromache und so weiter.
Selten habe ich, der einfache Straßenräuber, na, ihr wißt ja,
wie ich es meine, einen kleinen Fischzug getan, ohne ihm,
meinem Freund, einen Teil davon, einen beträchtlichen Teil,
Brown, als Angebinde und Beweis meiner unwandelbaren
20 Treue zu überweisen, und selten hat, nimm das Messer aus
dem Maul, Jakob, er, der allmächtige Polizeichef, eine
Razzia veranstaltet, ohne vorher mir, seinem Jugendfreund,
einen kleinen Fingerzeig zukommen zu lassen. Na, und so
weiter, das beruht ja schließlich auf Gegenseitigkeit. Könnt
25 ihr was lernen. *Er nimmt Brown unterm Arm.* Na, alter
Jackie, freut mich, daß du gekommen bist, das ist wirkliche
Freundschaft. *Pause, da Brown einen Teppich kummervoll
betrachtet.* Echter Schiras.
BROWN Von der Orientteppich-Company.
30 MAC Ja, da holen wir alles. Weißt du, ich mußte dich heute
dabei haben, Jackie, hoffentlich ist es nicht zu unangenehm
für dich in deiner Stellung.
BROWN Du weißt doch, Mac, daß ich dir nichts abschlagen
kann. Ich muß gehen, ich habe den Kopf wirklich so voll;

---

11. *reißenden Fluten* raging torrents 15. *Kastor und Pollux* Greek mythological
twin sons of Zeus and Leda; *Hektor und Andromache* Andromache was the wife of
Hector, the Trojan hero 17. *einen kleinen Fischzug getan* made a small haul
19. *(das) Angebinde* gift 22. *eine Razzia* a police raid; *ohne vorher . . . zukommen
zu lassen* without first giving me a hint 28. *Schiras* genuine Persian rug 30. *ich
mußte dich heute dabei haben* I had to have you here today

wenn bei der Krönung der Königin nur das geringste passiert . . .

MAC Du, Jackie, weißt du, mein Schwiegervater ist ein ekelhaftes altes Roß. Wenn er da irgendeinen Stunk gegen mich zu machen versucht, liegt da in Scotland Yard etwas gegen mich vor?

BROWN In Scotland Yard liegt nicht das geringste gegen dich vor.

MAC Selbstverständlich.

BROWN Das habe ich doch alles erledigt. Gute Nacht.

MAC Wollt ihr nicht aufstehen?

BROWN *zu Polly:* Alles Gute! *Ab, von Mac begleitet.*

JAKOB *der mit Matthias und Walter währenddem mit Polly konferiert hatte:* Ich muß gestehen, ich konnte vorhin gewisse Befürchtungen nicht unterdrücken, als ich hörte, Tiger-Brown kommt.

MATTHIAS Wissen Sie, gnädige Frau, wir haben da Beziehungen zu den Spitzen der Behörden.

WALTER Ja, Mac hat da immer noch ein Eisen im Feuer, von dem unsereiner gar nichts ahnt. Aber wir haben ja auch unser kleines Eisen im Feuer. Meine Herren, es ist halb zehn.

MATTHIAS Und jetzt kommt das Größte.

Alle nach hinten, hinter den Teppich, der etwas verbirgt. Auftritt Mac.

MAC Na, was ist los?

MATTHIAS Captn, noch eine kleine Überraschung.

Sie singen hinter dem Teppich das Lied von Bill Lawgen, ganz stimmungsvoll und leise. Aber bei »Namen nicht genau« reißt Matthias den Teppich herunter, und alle singen grölend weiter, aufs Bett klopfend, das dahinter steht.

MAC Ich danke euch, Kameraden, ich danke euch.

WALTER Na, und nun der unauffällige Aufbruch.

Alle ab.

1. *das geringste* the smallest thing 5. *Scotland Yard* the detective department of the Metropolitan Police Force of London 10. *Das habe . . . erledigt: erledigen* to dispose (of), take care (of) I've taken care of all that 12. *Alles Gute!* All the best! 18. *Spitzen der Behörden: die Spitze, -n* point, top; *die Behörde, -n* administrative authority; heads of the authorities 20. *vom dem . . . nichts ahnt: ahnen* to suspect; of which the likes of us have no idea 25. *auftritt: auf-treten, a, e* to appear 26. *was ist los?* what's the matter? 29. *aber bei* but at, but when they come to 33. *der unauffällige Aufbruch* the discreet departure

MAC Und jetzt muß das Gefühl auf seine Rechnung kommen.
Der Mensch wird ja sonst zum Berufstier. Setz dich,
Polly!
Musik.

5 MAC Siehst du den Mond über Soho?
POLLY Ich sehe ihn, Lieber. Fühlst du mein Herz schlagen,
Geliebter?
MAC Ich fühle es, Geliebte.
POLLY Wo du hingehst, da will auch ich hingehen.
10 MAC Und wo du bleibst, da will auch ich sein.

BEIDE

Und gibt's auch kein Schriftstück vom Standesamt
Und keine Blume auf dem Altar
Und weiß ich auch nicht, woher dein Brautkleid stammt
Und ist keine Myrte im Haar –
15 Der Teller, von welchem du issest dein Brot
Schau ihn nicht lang an, wirf ihn fort!
Die Liebe dauert oder dauert nicht
An dem oder jenem Ort.

3

FÜR PEACHUM, DER DIE HÄRTE DER WELT KENNT, BEDEUTET DER
20 VERLUST SEINER TOCHTER DASSELBE WIE VOLLKOMMENER RUIN.

Peachums Bettlergarderoben

*Rechts Peachum und Frau Peachum. Unter der Tür steht Polly
in Mantel und Hut, ihre Reisetasche in der Hand.*

---

1. *jetzt . . . Rechnung kommen* now sentiment must get its due 2. *wird ja sonst zum
Berufstier: der Beruf, -e* job, profession; *das Tier, -e* animal; *das Berufstier lit.*
job-animal; otherwise becomes a slave to his job 11. *und gibt's auch kein Schriftstück*
and even though there is no document 15. *du issest = du ißt* 22. *Unter der Tür* In
the doorway

FRAU PEACHUM Geheiratet? Erst behängt man sie hinten und vorn mit Kleidern und Hüten und Handschuhen und Sonnenschirmen, und wenn sie soviel gekostet hat wie ein Segelschiff, dann wirft sie sich selber auf den Mist wie eine faule Gurke. Hast du wirklich geheiratet? 5

Songbeleuchtung: goldenes Licht. Die Orgel wird illuminiert. An einer Stange kommen drei Lampen herunter, und auf den Tafeln steht:

DURCH EIN KLEINES LIED DEUTET POLLY IHREN ELTERN
IHRE VERHEIRATUNG MIT DEM RÄUBER MACHEATH AN 10

1
Einst glaubte ich, als ich noch unschuldig war
Und das war ich einst grad so wie du
Vielleicht kommt auch zu mir einmal einer
Und dann muß ich wissen, was ich tu.
Und wenn er Geld hat 15
Und wenn er nett ist
Und sein Kragen ist auch werktags rein
Und wenn er weiß, was sich bei einer Dame schickt
Dann sage ich ihm »Nein«.
Da behält man seinen Kopf oben 20
Und man bleibt ganz allgemein.
Sicher scheint der Mond die ganze Nacht
Sicher wird das Boot am Ufer losgemacht
Aber weiter kann nichts sein.
Ja, da kann man sich doch nicht nur hinlegen 25
Ja, da muß man kalt und herzlos sein.
Ja, da könnte so viel geschehen
Ach, da gibt's überhaupt nur: Nein.

1. *behängt man sie: behängen* to adorn, hang (things) on; *hinten und vorn* back and front 4. *wirft . . . auf den Mist* she throws herself on the manure pile = she throws herself away 12. *grad = gerade* just 18. *was sich bei einer Dame schickt* what is proper with a lady 20. *behält man seinen Kopf oben* one keeps one's head up high 21. *man bleibt ganz allgemein* one remains very general (vague, indefinite) 25. *da kann . . . hinlegen* one really can't just lie down 28. *da gibt's überhaupt nur: Nein* there really is only: No = the only word to use is: No

2

Der erste, der kam, war ein Mann aus Kent
Der war, wie ein Mann sein soll.
Der zweite hatte drei Schiffe im Hafen
Und der dritte war nach mir toll.
5 Und als sie Geld hatten
Und als sie nett waren
Und ihr Kragen war auch werktags rein
Und als sie wußten, was sich bei einer Dame schickt
Da sagte ich ihnen »Nein«.
10 Da behielt ich meinen Kopf oben
Und ich blieb ganz allgemein.
Sicher schien der Mond die ganze Nacht
Sicher ward das Boot am Ufer losgemacht
Aber weiter konnte nichts sein.
15 Ja, da kann man sich doch nicht nur hinlegen
Ja, da mußt' ich kalt und herzlos sein.
Ja, da könnte doch viel geschehen
Aber da gibt's überhaupt nur: Nein.

3

Jedoch eines Tags, und der Tag war blau
20 Kam einer, der mich nicht bat
Und er hängte seinen Hut an den Nagel in meiner Kammer
Und ich wußte nicht, was ich tat.
Und als er kein Geld hatte
Und als er nicht nett war
25 Und sein Kragen war auch am Sonntag nicht rein
Und als er nicht wußte, was sich bei einer Dame schickt
Zu ihm sagte ich nicht »Nein«.
Da behielt ich meinen Kopf nicht oben
Und ich blieb nicht allgemein.
30 Ach, es schien der Mond die ganze Nacht
Und es ward das Boot am Ufer festgemacht
Und es konnte gar nicht anders sein!

---

1. *Kent* county in England 4. *war nach mir toll: toll sein nach* to be crazy about

Ja, da muß man sich doch einfach hinlegen
Ja, da kann man doch nicht kalt und herzlos sein.
Ach, da mußte so viel geschehen
Ja, da gab's überhaupt kein Nein.

PEACHUM So, eine Verbrecherschlampe ist sie geworden. Das 5
ist schön. Das ist angenehm.

FRAU PEACHUM Wenn du schon so unmoralisch bist, überhaupt
zu heiraten, mußte es ausgerechnet ein Pferdedieb und
Wegelagerer sein? Das wird dir noch teuer zu stehen kommen! Ich hätte es ja kommen sehen müssen. Schon als Kind 10
hatte sie einen Kopf auf wie die Königin von England!

PEACHUM Also, sie hat wirklich geheiratet!

FRAU PEACHUM Ja, gestern abend um fünf Uhr.

PEACHUM Einen notorischen Verbrecher. Wenn ich es mir über-
lege, ist es ein Beweis großer Kühnheit bei diesem Menschen. 15
Wenn ich meine Tochter, die die letzte Hilfsquelle meines
Alters ist, wegschenke, dann stürzt mein Haus ein, und mein
letzter Hund läuft weg. Ich würde mich nicht getrauen, das
Schwarze unter dem Nagel wegzuschenken, ohne den direk-
ten Hungertod herauszufordern. Ja, wenn wir alle drei mit 20
einem Scheit Holz durch den Winter kämen, könnten wir
vielleicht das nächste Jahr noch sehen. Vielleicht.

FRAU PEACHUM Ja, was denkst du dir eigentlich? Das ist der
Lohn für alles, Jonathan. Ich werde verrückt. In meinem
Kopf schwimmt alles. Ich kann mich nicht mehr halten. Oh! 25
Sie wird ohnmächtig. Ein Glas Cordial Médoc.

PEACHUM Da siehst du, wohin du deine Mutter gebracht hast.
Schnell! Also eine Verbrecherschlampe, das ist schön, das ist
angenehm. Interessant, wie sich die arme Frau das zu Herzen
genommen hat. *Polly kommt mit einer Flasche Cordial* 30
Médoc. Dies ist der einzige Trost, der deiner armen Mutter
bleibt.

POLLY Gib ihr nur ruhig zwei Glas. Meine Mutter verträgt
das doppelte Quantum, wenn sie nicht ganz bei sich ist. Das

---

8. *mußte es ausgerechnet (sein)* did it have (to be) 9. *Das wird . . . kommen* One
day you'll have to pay dearly for that 11. *hatte sie einen Kopf auf* she was puffed up
18. *mich . . . getrauen: sich getrauen* to dare 19. *das Schwarze . . . herauszufordern* to give away the dirt under my fingernails without provoking death by
starvation 21. *mit einem Scheit Holz* with one stick of wood 22. *das nächste Jahr
noch sehen* still (live to) see the next year 27. *wohin . . . gebracht hast* to what a
state you have brought your mother 33. *Gib ihr . . . Glas: nur ruhig* just, quietly;
go ahead and give her two glasses 34. *nicht ganz bei sich* not quite all there

bringt sie wieder auf die Beine. *Sie hat während der ganzen Szene ein sehr glückliches Aussehen.*

FRAU PEACHUM *erwacht:* Oh, jetzt zeigt sie wieder diese falsche Anteilnahme und Fürsorge!

*Fünf Männer treten auf.*⁵

BETTLER Ich muß mir ganz energisch beschweren, indem das ein Saustall ist, indem es überhaupt kein richtiger Stumpf ist, sondern eine Stümperei, wofür ich nicht mein Geld hinausschmeiße.

PEACHUM Was willst du, das ist ein ebenso guter Stumpf wie alle anderen, nur, du hältst ihn nicht sauber.

BETTLER So, und warum verdiene ich nicht ebensoviel wie alle anderen? Nee, das können Sie mit mir nich machen. *Schmeißt den Stumpf hin.* Da kann ich mir ja mein richtiges Bein abhacken, wenn ich so einen Schund will.

PEACHUM Ja, was wollt ihr denn eigentlich? Was kann ich denn dafür, daß die Leute ein Herz haben wie Kieselstein? Ich kann euch doch nicht fünf Stümpfe machen! Ich mache aus jedem Mann in fünf Minuten ein so bejammernswertes Wrack, daß ein Hund weinen würde, wenn er ihn sieht. Was kann ich dafür, wenn ein Mensch nicht weint! Da hast du noch einen Stumpf, wenn dir der eine nicht ausreicht. Aber pflege deine Sachen!

BETTLER Damit wird es gehen.

PEACHUM *prüft bei einem andern eine Prothese:* Leder ist schlecht, Celia, Gummi ist ekelhafter. *Zum dritten:* Die Beule geht auch schon zurück, und dabei ist es deine letzte. Jetzt können wir wieder von vorn anfangen. *Den vierten untersuchend:* Naturgrind ist natürlich nie das, was Kunstgrind ist. *Zum fünften:* Ja, wie schaust du denn aus? Du hast wieder gefressen, da muß jetzt ein Exempel statuiert werden.

BETTLER Herr Peachum, ich habe wirklich nichts Besonderes gegessen, mein Speck ist bei mir unnatürlich, dafür kann ich nicht.

---

6. *Ich muß mir beschweren = ich muß mich beschweren* (this beggar makes grammatical mistakes) 7. *indem = weil* (another grammatical mistake) 8. *eine Stümperei* shoddy work 13. *nee = nein; nich = nicht* 14. *Was kann ich denn dafür* What can I do about it 22. *wenn dir . . . ausreicht* if the one doesn't suffice for you 27. *dabei* besides 28. *von vorn* from the beginning 30. *wie schaust du denn aus!: aus-schauen* to look; how you look = you're a sight! 31. *ein Exempel statuiert werden: ein Exempel statuieren* to set an example 34. *mein Speck ist bei mir unnatürlich* (my) fat isn't natural with me

PEACHUM Ich auch nicht. Du bist entlassen. *Nochmals zum zweiten Bettler:* Zwischen »erschüttern« und »auf die Nerven fallen« ist natürlich ein Unterschied, mein Lieber. Ja, ich brauche Künstler. Nur Künstler erschüttern heute noch das Herz. Wenn ihr richtig arbeiten würdet, müßte euer Publikum in die Hände klatschen! Dir fällt ja nichts ein! So kann ich dein Engagement natürlich nicht verlängern. *Die Bettler ab.*

POLLY Bitte, schau ihn dir an, ist er etwa schön? Nein. Aber er hat sein Auskommen. Er bietet mir eine Existenz! Er ist ein ausgezeichneter Einbrecher, dabei ein weitschauender und erfahrener Straßenräuber. Ich weiß ganz genau, ich könnte dir die Zahl nennen, wieviel seine Ersparnisse heute schon betragen. Einige glückliche Unternehmungen, und wir können uns auf ein kleines Landhaus zurückziehen, ebenso gut wie Herr Shakespeare, den unser Vater so schätzt.

PEACHUM Also, das ist alles ganz einfach. Du bist verheiratet. Was macht man, wenn man verheiratet ist? Nur nicht denken. Na, man läßt sich scheiden, nicht wahr, ist das so schwer herauszubringen?

POLLY Ich weiß nicht, was du meinst.

FRAU PEACHUM Scheidung.

POLLY Aber ich liebe ihn doch, wie kann ich da an Scheidung denken?

FRAU PEACHUM Sag mal, genierst du dich gar nicht?

POLLY Mutter, wenn du je geliebt hast ...

FRAU PEACHUM Geliebt! Diese verdammten Bücher, die du gelesen hast, die haben dir den Kopf verdreht. Polly, das machen doch alle so!

POLLY Dann mach ich eben eine Ausnahme.

FRAU PEACHUM Dann werde ich dir deinen Hintern versohlen, du Ausnahme.

POLLY Ja, das machen alle Mütter, aber das hilft nichts. Weil die Liebe größer ist, als wenn der Hintern versohlt wird.

FRAU PEACHUM Polly, schlag dem Faß nicht den Boden aus.

---

6. *Dir fällt ja nichts ein!* Nothing occurs to you = you never get any ideas   19. *ist das so schwer herauszubringen?* is that so hard to think up?   25. *genierst du dich gar nicht?* aren't you at all embarrassed   28. *die haben dir den Kopf verdreht* they've turned your head   31. *werde ich dir deinen Hintern versohlen* I'll thrash your bottom, tan your hide   35. *schlag dem Faß nicht den Boden aus: dem Faß den Boden ausschlagen, u, a* to knock the bottom out of the barrel; don't carry it too far

POLLY Meine Liebe laß ich mir nicht rauben.

FRAU PEACHUM Noch ein Wort, und du kriegst eine Ohrfeige.

POLLY Die Liebe ist aber doch das Höchste auf der Welt.

FRAU PEACHUM Der Kerl, der hat ja überhaupt mehrere Weiber. Wenn der mal gehängt wird, meldet sich womöglich ein
halbes Dutzend Weibsbilder als Witwen und jede womöglich noch mit einem Balg auf dem Arm. Ach, Jonathan!

PEACHUM Gehängt, wie kommst du auf gehängt, das ist eine
gute Idee. Geh mal raus, Polly. *Polly ab.* Richtig. Das gibt
vierzig Pfund.

FRAU PEACHUM Ich versteh dich. Beim Sheriff anzeigen.

PEACHUM Selbstverständlich. Und außerdem wird er uns dann
umsonst gehängt ... Das sind zwei Fliegen mit einem
Schlag. Nur, wir müssen wissen, wo er überhaupt steckt.

FRAU PEACHUM Ich werde es dir genau sagen, mein Lieber, bei
seinen Menschern steckt er.

PEACHUM Aber die werden ihn nicht angeben.

FRAU PEACHUM Das laß mich nur machen. Geld regiert die
Welt. Ich gehe sofort nach Turnbridge und spreche mit den
Mädchen. Wenn dieser Herr von jetzt ab in zwei Stunden
sich auch nur mit einer einzigen trifft, ist er geliefert.

POLLY *hat hinter der Tür gehorcht:* Liebe Mama, den Weg
kannst du dir ersparen. Ehe Mac mit einer solchen Dame
zusammentrifft, wird er selber in die Kerker von Old Bailey
gehen. Aber selbst wenn er nach Old Bailey ginge, würde
ihm der Sheriff einen Cocktail anbieten und bei einer Zigarre
mit ihm über ein gewisses Geschäft in dieser Straße plaudern,
wo auch nicht alles mit rechten Dingen zugeht. Denn, lieber
Papa, dieser Sheriff war sehr lustig auf meiner Hochzeit.

PEACHUM Wie heißt der Sheriff?

POLLY Brown heißt er. Aber du wirst ihn nur unter Tiger-
Brown kennen. Denn alle, die ihn zu fürchten haben, nennen
ihn Tiger-Brown. Aber mein Mann, siehst du, sagt Jackie zu
ihm. Denn für ihn ist er einfach sein lieber Jackie. Sie sind
Jugendfreunde.

---

1. *Meine Liebe . . . rauben* I won't let my love be stolen from me 2. *Noch ein Wort
. . . Ohrfeige* One more word and you'll get your ears boxed 4. *Der Kerl, der*
translate: that fellow, he 5. *meldet sich: sich melden* to report, show up 7. *mit
einem Balg* with a brat 8. *wie kommst du auf gehängt: auf etwas kommen, a, o* to
come to think of; what makes you think of "hanged" 13. *zwei Fliegen mit einem
Schlag: zwei Fliegen mit einem Schlag fangen, i, a* to catch two flies with one stroke
= to kill two birds with one stone 14. *wo er überhaupt steckt* where he is hiding
anyway 15. *bei seinen Menschern (sl.)* with his whores 20. *von jetzt ab* from now
on 21. *ist er geliefert: geliefert sein* to be done for 28. *nicht alles mit rechten
Dingen zugeht (idiomatic)* not everything is the way it seems

PEACHUM So, so, das sind Freunde. Der Sheriff und der oberste
Verbrecher, na, das sind wohl die einzigen Freunde in dieser
Stadt.

POLLY *poetisch:* Sooft sie einen Cocktail zusammen tranken,
streichelten sie einander die Wangen und sagten: »Wenn du
noch einen kippst, dann will ich auch noch einen kippen.«
Und sooft einer hinausging, wurden dem anderen die Augen
feucht, und er sagte: »Wenn du wohin gehst, will ich auch wohin gehen.« Gegen Mac liegt in Scotland Yard gar nichts vor.

PEACHUM So, so. Von Dienstag abend bis Donnerstag früh hat
Herr Macheath, ein sicher mehrfach verheirateter Herr,
meine Tochter Polly Peachum unter dem Vorwand der Verehelichung aus dem elterlichen Hause gelockt. Bevor die
Woche herum ist, wird man ihn aus diesem Grunde an den
Galgen führen, den er verdient hat. »Herr Macheath, Sie
hatten einst weiße Glacéhandschuhe, einen Stock mit einem
Elfenbeingriff und eine Narbe am Hals und verkehrten im
Tintenfisch-Hotel. Übriggeblieben ist Ihre Narbe, welche
wohl den geringsten Wert unter Ihren Kennzeichen besaß,
und Sie verkehren nur mehr in Käfigen und absehbar bald
nirgends mehr . . .«

FRAU PEACHUM Ach, Jonathan, das wird dir nicht gelingen,
denn es handelt sich um Mackie Messer, den man den größten Verbrecher Londons nennt. Der nimmt, was er will.

PEACHUM Wer ist Mackie Messer?! Mach dich fertig, wir gehen
zu dem Sheriff von London. Und du gehst nach Turnbridge.

FRAU PEACHUM Zu seinen Huren.

PEACHUM Denn die Gemeinheit der Welt ist groß, und man
muß sich die Beine ablaufen, damit sie einem nicht gestohlen
werden.

POLLY Ich, Papa, werde Herrn Brown sehr gern wieder die
Hand schütteln.

*Alle drei treten nach vorne und singen bei Songbeleuchtung
das erste Finale. Auf den Tafeln steht:*

---

5. *streichelten . . . die Wangen* they caressed each others cheeks   8. *wohin* somewhere   9. *Gegen Mac . . . nichts vor* There is nothing against Mac in Scotland
Yard   18. *Übriggeblieben: übrig-bleiben, ie, ie* to be left over   20. *nur mehr* henceforth   20. *absehbar bald: absehbar* foreseeable; *absehbar bald* very soon   28. *man
muß sich . . . werden* one has to run one's legs off so they won't be stolen from one

Erstes Dreigroschen-Finale

ÜBER DIE UNSICHERHEIT MENSCHLICHER VERHÄLTNISSE

POLLY
>Was ich möchte, ist es viel?
>Einmal in dem tristen Leben
>Einem Mann mich hinzugeben.
>Ist das ein zu hohes Ziel?

5 PEACHUM *mit der Bibel in den Händen:*
>Das Recht des Menschen ist's auf dieser Erden
>Da er doch nur kurz lebt, glücklich zu sein
>Teilhaftig aller Lust der Welt zu werden
>Zum Essen Brot zu kriegen und nicht einen Stein.
10 >Das ist des Menschen nacktes Recht auf Erden.
>Doch leider hat man bisher nie vernommen
>Daß einer auch sein Recht bekam – ach wo!
>Wer hätte nicht gern einmal Recht bekommen
>Doch die Verhältnisse, sie sind nicht so.

FRAU PEACHUM
15 >Wie gern wär ich zu dir gut
>Alles möchte ich dir geben
>Daß du etwas hast vom Leben
>Weil man das doch gerne tut.

PEACHUM
>Ein guter Mensch sein! Ja, wer wär's nicht gern?
20 >Sein Gut den Armen geben, warum nicht?
>Wenn alle gut sind, ist S e i n Reich nicht fern
>Wer säße nicht sehr gern in Seinem Licht?
>Ein guter Mensch sein? Ja, wer wär's nicht gern?
>Doch leider sind auf diesem Sterne eben

---

8. *teilhaftig . . . zu werden (with gen.)* to partake in   21. *Sein Reich = Gottes Reich*

Die Mittel kärglich und die Menschen roh.
Wer möchte nicht in Fried und Eintracht leben?
Doch die Verhältnisse, sie sind nicht so!

POLLY UND FRAU PEACHUM
  Da hat er eben leider recht.
  Die Welt ist arm, der Mensch ist schlecht.   5

PEACHUM
  Natürlich hab ich leider recht
  Die Welt ist arm, der Mensch ist schlecht.
  Wer wollt auf Erden nicht ein Paradies?
  Doch die Verhältnisse, gestatten sie's?
  Nein, sie gestatten's eben nicht.   10
  Dein Bruder, der doch an dir hangt
  Wenn halt für zwei das Fleisch nicht langt
  Tritt er dir eben ins Gesicht.
  Auch treu sein, ja, wer wollt es nicht?
  Doch deine Frau, die an dir hangt   15
  Wenn deine Liebe ihr nicht langt
  Tritt sie dir eben ins Gesicht.
  Ja, dankbar sein, wer wollt es nicht?
  Und doch, dein Kind, das an dir hangt
  Wenn dir das Altersbrot nicht langt   20
  Tritt es dir eben ins Gesicht.
  Ja, menschlich sein, wer wollt es nicht!

POLLY UND FRAU PEACHUM
  Ja, das ist eben schade
  Das ist das riesig Fade.
  Die Welt ist arm, der Mensch ist schlecht   25
  Da hat er eben leider recht.

PEACHUM
  Natürlich hab ich leider recht

---

12. *halt* (*dial.*)   in my opinion, I think   13. *eben*   just, quite, certainly   24. *das riesig Fade: fade*   dreary, stale; the enormously dreary thing (about human existence)

Die Welt ist arm, der Mensch ist schlecht.
Wir wären gut – anstatt so roh
Doch die Verhältnisse, sie sind nicht so.

ALLE DREI

Ja, dann ist's freilich nichts damit
5   Dann ist das eben alles Kitt!

PEACHUM

Die Welt ist arm, der Mensch ist schlecht
Da hab ich eben leider recht!

ALLE DREI

Und das ist eben schade
Das ist das riesig Fade.
10   Und darum ist es nichts damit
Und darum ist das alles Kitt!

---

4. *dann ist's freilich nichts damit*   then, for sure, there's nothing to it   5. *Dann ist das eben alles Kitt*   So all of this is just junk

Zweiter Akt

4

DONNERSTAG NACHMITTAG; MACKIE MESSER NIMMT ABSCHIED
VON SEINER FRAU, UM VOR SEINEM SCHWIEGERVATER AUF DAS
MOOR VON HIGHGATE ZU FLIEHEN.

Der Pferdestall

POLLY *kommt herein:* Mac! Mac, erschrick nicht.   5
MAC *liegt auf dem Bett:* Na, was ist los, wie siehst du aus,
  Polly?
POLLY Ich bin bei Brown gewesen, und mein Vater ist auch
  dort gewesen, und sie haben ausgemacht, daß sie dich fassen
  wollen, mein Vater hat mit etwas Furchtbarem gedroht und   10
  Brown hat zu dir gehalten, aber dann ist er zusammen-
  gebrochen, und jetzt meint er auch, du solltest schleunigst
  für einige Zeit unsichtbar werden, Mac. Du mußt gleich
  packen.
MAC Ach, Unsinn, packen. Komm her, Polly. Ich will jetzt   15
  etwas ganz anderes mit dir machen als packen.
POLLY Nein, das dürfen wir jetzt nicht. Ich bin so erschrocken.
  Es war immerfort vom Hängen die Rede.
MAC Ich mag das nicht, Polly, wenn du launisch bist. Gegen
  mich liegt in Scotland Yard gar nichts vor.   20
POLLY Ja, gestern vielleicht nicht, aber heute liegt plötzlich
  ungeheuer viel vor. Du hast – ich habe die Anklageakten
  mitgebracht, ich weiß gar nicht, ob ich es noch zusammenkriege, es ist eine Liste, die überhaupt nicht aufhört –, du
  hast zwei Kaufleute umgebracht, über dreißig Einbrüche,   25
  dreiundzwanzig Straßenüberfälle, Brandlegungen, vorsätz-

---

1. *nimmt Abschied: Abschied nehmen, a, o* to take leave   11. *zu dir gehalten: halten,
ie, a zu* to stand up for (somebody)   18. *Es war . . . die Rede* the talk was
of   23. *zusammenkriege: etwas zusammen-kriegen* to get something together = to
make comprehensible   25. *umgebracht: um-bringen, a, a* to kill

liche Morde, Fälschungen, Meineide, alles in eineinhalb Jahren. Du bist ein schrecklicher Mensch. Und in Winchester hast du zwei minderjährige Schwestern verführt.

MAC Mir haben sie gesagt, sie seien über Zwanzig. Was sagte Brown? *Er steht langsam auf und geht pfeifend nach rechts, an der Rampe entlang.*

POLLY Er faßte mich noch im Flur und sagte, jetzt könne er nichts mehr für dich machen. Ach, Mac! *Sie wirft sich an seinen Hals.*

MAC Also gut, wenn ich weg muß, dann mußt du die Leitung des Geschäfts übernehmen.

POLLY Rede jetzt nicht von Geschäften, Mac, ich kann es nicht hören, küsse deine arme Polly noch einmal und schwöre ihr, daß du sie nie, nie . . .

Mac unterbricht sie jäh und führt sie an den Tisch, wo er sie auf einen Stuhl niederdrückt.

MAC Das sind die Hauptbücher. Hör gut zu. Da ist die Liste des Personals. *Liest:* Also, das ist Hakenfinger-Jakob, eineinhalb Jahre im Geschäft, wollen mal sehen, was er gebracht hat. Ein, zwei, drei, vier, fünf goldene Uhren, viel ist es nicht, aber es ist saubere Arbeit. Setz dich nicht auf meinen Schoß, ich bin jetzt nicht in Stimmung. Da ist Trauerweiden-Walter, ein unzuverlässiger Hund. Verkitscht Zeug auf eigene Faust. Drei Wochen Galgenfrist, dann ab. Du meldest ihn einfach bei Brown.

POLLY *schluchzend:* Ich melde ihn einfach bei Brown.

MAC Jimmy II, ein unverschämter Kunde, einträglich, aber unverschämt. Räumt Damen der besten Gesellschaft das Bettuch unter dem Hintern weg. Gib ihm Vorschuß.

POLLY Ich geb ihm Vorschuß.

MAC Säge-Robert, Kleinigkeitskrämer, ohne eine Spur von Genie, kommt nicht an den Galgen, hinterläßt auch nichts.

POLLY Hinterläßt auch nichts.

---

7. *faßte mich: fassen* to get a hold of 19. *wollen mal sehen = wir wollen mal sehen* let's see 23. *Verkitscht: verkitschen (sl.)* to sell stolen goods 24. *auf eigene Faust lit.* on his own fist = on his own; *dann ab* then off = get rid of him 28. *räumt . . . weg: weg-räumen* to swipe 31. *Kleinigkeitskrämer: die Kleinigkeit, -en* trifle; *der Krämer, -* shopkeeper *(coll.)* petty operator, also pedant = fussbudget

MAC Im übrigen machst du es genau wie bisher, stehst um sieben Uhr auf, wäschst dich, badest einmal und so weiter.

POLLY Du hast ganz recht, ich muß die Zähne zusammenbeißen und auf das Geschäft aufpassen. Was dein ist, das ist jetzt auch mein, nicht wahr, Mackie? Wie ist das denn mit deinen Zimmern, Mac? Soll ich die nicht aufgeben? Um die Miete ist es mir direkt leid! 5

MAC Nein, die brauche ich noch.

POLLY Aber wozu, das kostet doch nur unser Geld!

MAC Du scheinst zu meinen, ich komme überhaupt nicht mehr zurück. 10

POLLY Wieso? Dann kannst du doch wieder mieten!6 Mac ... Mac, ich kann nicht mehr. Ich sehe immer deinen Mund an, und dann höre ich nicht, was du sprichst. Wirst du mir auch treu sein, Mac? 15

MAC Selbstverständlich werde ich dir treu sein, ich werde doch Gleiches mit Gleichem vergelten. Meinst du, ich liebe dich nicht? Ich sehe nur weiter als du.

POLLY Ich bin dir so dankbar, Mac. Du sorgst für mich, und die anderen sind hinter dir her wie die Bluthunde ... 20
Wie er hört »Bluthunde«, erstarrt er, steht auf, geht nach rechts, wirft den Rock ab, wäscht die Hände.

MAC *hastig:* Den Reingewinn schickst du weiterhin an das Bankhaus Jack Poole in Manchester. Unter uns gesagt: es ist eine Frage von Wochen, daß ich ganz in das Bankfach übergehe. Es ist sowohl sicherer als auch einträglicher. In höchstens zwei Wochen muß das Geld herausgenommen sein aus diesem Geschäft, dann gehst du zu Brown und lieferst der Polizei die Liste ab. In höchstens vier Wochen ist dieser ganze Abschaum der Menschheit in den Kerkern von Old 30 Bailey verschwunden. 25

POLLY Aber, Mac! Kannst du ihnen denn in die Augen schauen, wenn du sie durchgestrichen hast und sie so gut wie gehängt sind? Kannst du ihnen dann noch die Hand drücken? 35

---

1. *im übrigen* besides 6. *Um die Miete . . . leid* I really feel badly about the rent 17. *Gleiches mit Gleichem vergelten* to repay like with like 25. *in das Bankfach übergehe: das Bankfach* banking (as a profession); *über-gehen, i, a* to go over to; switch to banking 28. *lieferst . . . ab: ab-liefern* to deliver 30. *Abschaum der Menschheit* dregs of humanity 33. *durchgestrichen: durch-streichen, i, i* to cross out

MAC Wem? Säge-Robert, Münz-Matthias, Hakenfinger-Jakob?
Diesen Galgenvögeln?
Auftritt die Platte.
MAC Meine Herren, ich freue mich, Sie zu sehen.
5 POLLY Guten Tag, meine Herren.
MATTHIAS Captn, ich habe die Liste mit den Krönungsfeier-
lichkeiten jetzt bekommen. Ich darf wohl sagen, wir haben
Tage schwerster Arbeit vor uns. In einer halben Stunde trifft
der Erzbischof von Canterbury ein.
10 MAC Wann?
MATTHIAS Fünf Uhr dreißig. Wir müssen sofort los, Captn.
MAC Ja, ihr müßt sofort weg.
ROBERT Was heißt: ihr?
MAC Ja, was mich betrifft, so bin ich leider gezwungen, eine
15 kleine Reise anzutreten.
ROBERT Um Gottes willen, will man Sie hopsnehmen?
MATTHIAS Und das ausgerechnet, wo die Krönung bevorsteht!
Die Krönung ohne Sie ist wie ein Brei ohne Löffel.
MAC Halt die Fresse! Zu diesem Zweck übergebe ich für kurze
20 Zeit meiner Frau die Leitung des Geschäfts. Polly! *Er schiebt
sie vor und geht selber nach hinten, sie von dort be-
obachtend.*
POLLY Jungens, ich denke, unser Captn kann da ganz ruhig
abreisen. Wir werden das Ding schon schmeißen. Erstklassig,
25 was, Jungens?
MATTHIAS Ich habe ja nichts zu sagen. Aber ich weiß nicht, ob
da eine Frau in einer solchen Zeit . . . Das ist nicht gegen Sie
gerichtet, gnädige Frau.
MAC *von hinten:* Was sagst du dazu, Polly?
30 POLLY Du Sauhund, du fängst ja gut an. *Schreit:* Natürlich ist
das nicht gegen mich gerichtet! Sonst würden diese Herren
dir schon längst deine Hosen ausgezogen und deinen Hintern versohlt haben, nicht wahr, meine Herren?
Kleine Pause, dann klatschen alle wie besessen.
JAKOB Ja, da ist schon was dran, das kannst du ihr glauben.

---

2. *Galgenvögeln: der Galgenvogel, ö* gallows bird = scoundrel 9. *trifft . . . ein: ein-
treffen, a, o* to arrive 11. *Wir müssen sofort los* We have to be off immediately
14. *was mich betrifft: betreffen, a, o* to concern; as far as I'm concerned 17. *ausgerechnet* of all things, just 24. *das Ding schmeißen* manage the thing = (Am. eq.)
pull it off 30. *Du Sauhund* vulgar word of abuse (Am. eq.) S.O.B. 32. *deinen
Hintern versohlt haben* have thrashed your bottom, tanned your hide 34. *wie
besessen* like mad 35. *da ist schon was dran* there is something to that

WALTER Bravo, die Frau Captn weiß das rechte Wort zu finden! Hoch Polly!

ALLE Hoch Polly!

MAC Das Ekelhafte daran ist, daß ich dann zur Krönung nicht da sein kann. Das ist hundertprozentiges Geschäft. Am Tage alle Wohnungen leer und nachts die ganze Hautevolée besoffen. Übrigens, du trinkst zuviel, Matthias. Du hast vorige Woche wieder durchblicken lassen, daß die Inbrandsteckung des Kinderhospitals in Greenwich von dir gemacht wurde. Wenn so etwas noch einmal vorkommt, bist du entlassen. Wer hat das Kinderhospital in Brand gesteckt?

MATTHIAS Ich doch.

MAC zu den andern: Wer hat es in Brand gesteckt?

DIE ANDERN Sie, Herr Macheath.

MAC Also wer?

MATTHIAS mürrisch: Sie, Herr Machéath. Auf diese Weise kann unsereiner natürlich nie hochkommen.

MAC deutet mit einer Geste das Aufknüpfen an: Du kommst schon hoch, wenn du meinst, du kannst mit mir konkurrieren. Hat man je gehört, daß ein Oxfordprofessor seine wissenschaftlichen Irrtümer von irgendeinem Assistenten zeichnen läßt? Er zeichnet selbst.

ROBERT Gnädige Frau, befehlen Sie über uns, während Ihr Herr Gemahl verreist ist, jeden Donnerstag Abrechnung, gnädige Frau.

POLLY Jeden Donnerstag, Jungens.
Die Platte ab.

MAC Und jetzt adieu, mein Herz, halte dich frisch und vergiß nicht, dich jeden Tag zu schminken, genauso, als wenn ich da wäre. Das ist sehr wichtig, Polly.

POLLY Und du, Mac, versprichst mir, daß du keine Frau mehr ansehen willst und gleich wegreisest. Glaube mir, daß deine kleine Polly das nicht aus Eifersucht sagt, sondern das ist sehr wichtig, Mac.

MAC Aber Polly, warum sollte ich mich um solche ausgelau-

---

3. *Hoch!* Hurrah! 4. *das Ekelhafte daran* the disgusting thing about it
5. *hundertprozentiges Geschäft* hundred percent business = (Am. Eq.) a goldmine
6. *die ganze Hautevolée* (Fr.) all of High Society 7. *Du hast . . . durchblicken lassen*
you hinted last week 8. *die Inbrandsteckung: der Brand, :e* conflagration; *in Brand
stecken* to set fire; to commit arson 17. *hochkommen: hoch-kommen, a, o* to come
up (in the world), succeed; *das Aufknüpfen: auf-knüpfen* to string up; stringing
up 18. *konkurrieren* to compete 23. *Herr Gemahl (formal)* husband 28. *schmink-
en: sich schminken* to paint one's face, use make-up

45

fenen Eimer kümmern. Ich liebe doch nur dich. Wenn die
Dämmerung stark genug ist, werde ich meinen Rappen aus
irgendeinem Stall holen, und bevor du den Mond von
deinem Fenster aus siehst, bin ich schon hinter dem Moor
5   von Highgate.
POLLY Ach, Mac, reiß mir nicht das Herz aus dem Leibe. Bleibe
bei mir und laß uns glücklich sein.
MAC Ich muß mir ja selber das Herz aus dem Leibe reißen,
denn ich muß fort, und niemand weiß, wann ich wieder-
10   kehre.
POLLY Es hat so kurz gedauert, Mac.
MAC Hört es denn auf?
POLLY Ach, gestern hatte ich einen Traum. Da sah ich aus dem
Fenster und hörte ein Gelächter in der Gasse, und wie ich
15   hinaussah, sah ich unseren Mond, und der Mond war ganz
dünn, wie ein Penny, der schon abgegriffen ist. Vergiß mich
nicht, Mac, in den fremden Städten.
MAC Sicher vergesse ich dich nicht, Polly. Küß mich, Polly.
POLLY Adieu, Mac.
20   MAC Adieu, Polly. *Im Abgehen:*
Die Liebe dauert oder dauert nicht
An dem oder jenem Ort.
POLLY *allein:* Und er kommt doch nicht wieder. *Sie singt:*
»Hübsch, als es währte
25   Und nun ist's vorüber
Reiß aus dein Herz
Sag ›leb wohl‹, mein Lieber!
Was hilft all dein Jammer –
Leih, Maria, dein Ohr mir! –
30   Wenn meine Mutter selber
Wußte all das vor mir?«
Die Glocken fangen an zu läuten.
POLLY
Jetzt zieht die Königin in dieses London ein
Wo werden wir am Tag der Krönung sein!

---

1. *ausgelaufenen Eimer: aus-laufen, ie, au* to run out; *ausgelaufen* empty; *der
Eimer, -* bucket; leaky buckets

Zwischenspiel

Vor den Vorhang tritt Frau Peachum mit der Spelunken-
Jenny.

FRAU PEACHUM ·Also, wenn ihr Mackie Messer in den nächsten
Tagen seht, lauft ihr zu dem nächsten Konstabler und zeigt
ihn an, dafür bekommt ihr zehn Schillinge.   *5*
JENNY Aber werden wir ihn denn sehen, wenn die Konstabler
hinter ihm her sind? Wenn die Jagd auf ihn anfängt, wird
er sich doch nicht mit uns seine Zeit vertreiben.
FRAU PEACHUM Ich sage dir, Jenny, und wenn ganz London
hinter ihm her ist, Macheath ist nicht der Mann, der seine   *10*
Gewohnheiten deswegen aufgibt. *Sie singt:*

DIE BALLADE VON DER SEXUELLEN HÖRIGKEIT

1
Da ist nun einer schon der Satan selber
Der Metzger: er! Und alle andern: Kälber!
Der frechste Hund! Der schlimmste Hurentreiber!   *15*
Wer kocht ihn ab, der alle abkocht? Weiber.
Ob er will oder nicht – er ist bereit.
Das ist die sexuelle Hörigkeit.
Er hält sich nicht an die Bibel. Er lacht übers BGB.
Er meint, er ist der größte Egoist   *20*
Weiß, daß wer 'n Weib sieht, schon verschoben ist.
Drum duldet er kein Weib in seiner Näh:
Er soll den Tag nicht vor dem Abend loben
Denn vor es Nacht wird, liegt er wieder droben.

2
So mancher Mann sah manchen Mann verrecken: *25*

---

4. *zeigt . . . an* to report (to the police) 7. *hinter . . . her (Dat.) sind: hinter her sein* to
be after, be in pursuit of 13. *der Satan selber* Satan himself 16. *Wer kocht . . .*
abkocht: ab-kochen to boil down, reduce = (here) to get the better of someone; who
will get the better of him that gets the better of everyone else 19. *hält sich . . . an: sich*
halten ie, a an to heed 19. *BGB = Bürgerliches Gesetzbuch* Civil Code of
Law 21. *Weiß (er) weiß* 21. *wer'n = wer ein* 21. *schon verschoben ist: verschie-*
ben, o, o to disarray; *verschoben* befuddled 23. *Er . . . Abend loben* = He should
not count his chickens before they are hatched

47

Ein großer Geist blieb in 'ner Hure stecken!
Und die's mit ansahn, was sie sich auch schwuren –
Als sie verreckten, wer begrub sie? Huren.
Ob sie wollen oder nicht – sie sind bereit.

5   Das ist die sexuelle Hörigkeit.
Der klammert sich an die Bibel. Der verbessert das BGB.
Der wird ein Christ! Der wird ein Anarchist!
Am Mittag zwingt man sich, daß man nicht Sellerie frißt.
Nachmittags weiht man sich noch eilig 'ner Idee.

10   Am Abend sagt man: mit mir geht's nach oben
Und vor es Nacht wird, liegt man wieder droben.

5

DIE KRÖNUNGSGLOCKEN WAREN NOCH NICHT VERKLUNGEN UND
MACKIE MESSER SASS BEI DEN HUREN VON TURNBRIDGE! DIE
HUREN VERRATEN IHN. ES IST DONNERSTAG ABEND.

15   *Hurenhaus in Turnbridge*

*Gewöhnlicher Nachmittag; die Huren, meist im Hemd, bügeln
Wäsche, spielen Mühle, waschen sich: ein bürgerliches Idyll.⁷
Hakenfinger-Jakob liest die Zeitung, ohne daß sich jemand
um ihn kümmert. Er sitzt eher im Weg.*

20   JAKOB Heut kommt er nicht.
HURE So?
JAKOB Ich glaube, er kommt überhaupt nicht mehr.
HURE Das wär aber schade.

---

1. *Ein großer Geist . . . stecken* a great intellect got stuck in a whore = a giant of
learning foundered because of a whore   2. *die's = die es; was sie sich auch schwuren:*
sich (Dat.) schwören, u, o   to make an oath to oneself, promise oneself; whatever they
swore to themselves 10. *mit mir geht's nach oben* it's going upwards with
me 12. *verklungen: verklingen, a, u* to fade away (as of sounds) 17. *Mühle* a
board game 19. *Er sitzt eher im Weg* He is rather in the way

JAKOB So? Wie ich ihn kenne, ist er schon über die Stadtgrenze. Diesmal heißt es: abhauen!
Auftritt Macheath, hängt den Hut an einen Nagel, setzt sich auf das Sofa hinter dem Tisch.
MAC Meinen Kaffee! 5
VIXEN *wiederholt bewundernd:* »Meinen Kaffee!«
JAKOB *entsetzt:* Wieso bist du nicht in Highgate?
MAC Heute ist mein Donnerstag. Ich kann mich doch von meinen Gewohnheiten nicht durch solche Lappalien abhalten lassen. *Wirft die Anklageschrift auf den Boden.* Außerdem 10 regnet es.
JENNY *liest die Anklageschrift:* Im Namen des Königs wird gegen den Captn Macheath Anklage erhoben wegen dreifachem . . .
JAKOB *nimmt sie ihr weg:* Komm ich da auch vor? 15
MAC Natürlich, das ganze Personal.
JENNY *zur anderen Hure:* Du, das ist die Anklage. *Pause.* Mac, gib mal deine Hand her.
Er reicht die Hand.
DOLLY Ja, Jenny, lies ihm aus der Hand, das verstehst du aus 20 dem Effeff. *Hält eine Petroleumlampe.*
MAC Reiche Erbschaft?
JENNY Nein, reiche Erbschaft nicht!
BETTY Warum schaust du so, Jenny, daß es einem kalt den Rücken herunterläuft? 25
MAC Eine weite Reise in Kürze?
JENNY Nein, keine weite Reise.
VIXEN Was siehst du denn?
MAC Bitte, nur das Gute, nicht das Schlechte!
JENNY Ach was, ich sehe da ein enges Dunkel und wenig Licht. 30 Und dann sehe ich ein großes L, das heißt List eines Weibes. Dann sehe ich . . .
MAC Halt. Über das enge Dunkel und die List zum Beispiel möchte ich Einzelheiten wissen, den Namen des listigen Weibes zum Beispiel. 35

---

2. *heißt es: abhauen: heißen, ie, ei* to command; *ab-hauen* to scram; the word is: scram! 9. *durch solche Lappalien abhalten lassen: die Lappalie, -n* trifle; *ab-halten, ie, a* to stop (somebody) let myself be stopped by such trifles 15. *Komm ich da auch vor: vor-kommen, a, o* be mentioned; am I also mentioned in it 21. *aus dem Effeff* expertly 24. *daß es einem . . . herunterläuft* lit. that it runs cold down my back = that I get goose pimples 26. *in Kürze* shortly 30. *Ach was* Nonsense

JENNY Ich sehe nur, daß er mit J angeht.

MAC Dann ist es falsch. Er geht mit P an.

JENNY Mac, wenn die Krönungsglocken von Westminster läuten, wirst du eine schwere Zeit haben!

5 MAC Sag mehr! *Jakob lacht schallend.* Was ist denn los? *Er läuft zu Jakob, liest auch.* Ganz falsch, es waren nur drei.

JAKOB *lacht:* Eben!

MAC Hübsche Wäsche haben Sie da.

HURE Von der Wiege bis zur Bahre, zuerst die Wäsche!

10 ALTE HURE Ich verwende nie Seide. Die Herren halten einen sofort für krank.

Jenny drückt sich heimlich zur Tür hinaus.

ZWEITE HURE *zu Jenny:* Wo gehst du hin, Jenny?

JENNY Das werdet ihr sehen. *Ab.*

15 MOLLY Aber Hausmacherleinen schreckt auch ab.

ALTE HURE Ich habe sehr gute Erfolge mit Hausmacherleinen.

VIXEN Da fühlen sich die Herren gleich wie zu Hause.

MAC *zu Betty:* Hast du immer noch die schwarzen Paspeln?

BETTY Immer noch die schwarzen Paspeln.

20 MAC Was hast denn du für Wäsche?

ZWEITE HURE Ach, ich geniere mich direkt. Ich kann doch in mein Zimmer niemand bringen, meine Tante ist doch so mannstoll, und in den Hauseingängen, wißt ihr, ich habe da einfach gar keine Wäsche an. *Jakob lacht.*

25 MAC Bist du fertig?

JAKOB Nein, ich bin gerade bei den Schändungen.

MAC *wieder am Sofa:* Aber wo ist denn Jenny? Meine Damen, lange bevor mein Stern über dieser Stadt aufging ...

VIXEN »Lange bevor mein Stern über dieser Stadt aufging ...«
30

MAC ... lebte ich in den dürftigsten Verhältnissen mit einer von Ihnen, meine Damen. Und wenn ich auch heute Mackie Messer bin, so werde ich doch niemals im Glück die Gefährten meiner dunklen Tage vergessen, vor allem Jenny, die
35 mir die liebste war unter den Mädchen. Paßt mal auf!

---

8. *Wäsche: die Wäsche* underwear 9. *Von der Wiege ... Wäsche: die Wiege, -n* cradle; *die Bahre, -n* bier; *die Wäsche* underwear; From the cradle to the grave, first comes the underwear 15. *schreckt ab: ab-schrecken* to repel 18. *die schwarzen Paspeln* black piping (of clothing) 21. *ich geniere mich direkt: sich genieren* to be embarrassed; I really am embarrassed 23. *mannstoll: toll* crazy; crazy about men 26. *ich bin gerade bei den Schändungen* I've just got to the rapes 34. *vor allem* most of all 35. *Paßt mal auf: auf-passen* to pay attention
Page 51: 2. *gesellt sich zu ihr: sich gesellen zu* to join (a person) 10. *Es geht ... auch* It can be done differently too, but it also goes this way 12. *drückte mich zu'n*

Während nun Mac singt, steht rechts vor dem Fenster Jenny
und winkt dem Konstabler Smith. Dann gesellt sich zu ihr
noch Frau Peachum. Unter der Laterne stehen die drei und
beobachten das Haus.

DIE ZUHÄLTERBALLADE

1

MAC

In einer Zeit, die längst vergangen ist
Lebten wir schon zusammen, sie und ich
Und zwar von meinem Kopf und ihrem Bauch.
Ich schützte sie und sie ernährte mich.
Es geht auch anders, doch so geht es auch. 10
Und wenn ein Freier kam, kroch ich aus unserm Bett
Und drückte mich zu 'n Kirsch und war sehr nett
Und wenn er blechte, sprach ich zu ihm: Herr
Wenn sie mal wieder wollen – bitte sehr.
So hielten wir's ein volles halbes Jahr 15
In dem Bordell, wo unser Haushalt war.

Auftritt Jenny in der Tür, hinter ihr Smith.

2

JENNY

In jener Zeit, die nun vergangen ist
Hat er mich manches liebe Mal gestemmt.
Und wenn kein Zaster war, hat er mich angehaucht 20
Da hieß es gleich: du, ich versetz dein Hemd.
Ein Hemd, ganz gut, doch ohne geht es auch.
Da wurd ich aber tückisch, ja, na weißte!
Ich fragt ihn manchmal direkt, was er sich erdreiste.
Da hat er mir aber eins ins Zahnfleisch gelangt 25
Da bin ich manchmal direkt drauf erkrankt!

Kirsch: sich drücken zu (coll.) to sneak away to; *'n Kirsch = einem Kirsch: der Kirsch*
cherry brandy 13. *blechte: blechen (sl.)* to pay 15. *So hielten wir's: halten, ie, a* to
keep; thus we kept (did) it 19. *gestemmt: stemmen (here sl.)* to push one's weight
against 20. *Zaster* money 20. *angehaucht: an-hauchen* to breath gently at, *here*
sarcastic 21. *Da hieß es gleich* Immediately the order was 23. *ja, na weißte = ja,*
na weißt du well, you know, let me tell you 24. *was er sich erdreiste: sich erdreisten*
to dare; how dared he 25. *Da hat . . . gelangt: das Zahnfleisch* gums; *langen* to
hand; At that he really handed me one into my gums = he hit me in the mouth
26. *direkt drauf erkrankt* really got sick

BEIDE
Das war so schön in diesem halben Jahr
In dem Bordell, wo unser Haushalt war.

3
BEIDE *zusammen und abwechselnd:*
Zu jener Zeit, die nun vergangen ist [8]
MAC
5   Die aber noch nicht ganz so trüb wie jetzt war
JENNY
Wenn man auch nur bei Tag zusammenlag
MAC
Da sie ja, wie gesagt, nachts meist besetzt war!
(Nachts ist es üblich, doch 's geht auch bei Tag!)
JENNY
War ich ja dann auch einmal hops von dir.
MAC
10   Da machten wir's dann so: ich lag dann unter ihr
JENNY
Weil er das Kind nicht schon im Mutterleib erdrücken wollte
MAC
Das aber dann doch in die Binsen gehen sollte.
Und dann war auch bald aus das halbe Jahr
In dem Bordell, wo unser Haushalt war.
15   *Tanz. Mac nimmt den Messerstock, sie reicht ihm den Hut,
er tanzt noch, da legt ihm Smith die Hand auf die Schulter.*
SMITH Na, wir können ja losgehen!
MAC Hat diese Dreckbude immer noch nur einen Ausgang?
*Smith will Macheath Handschellen anlegen, Mac stößt ihn
20   vor die Brust, daß er zurücktaumelt, springt zum Fenster hin-
aus. Vor dem Fenster steht Frau Peachum mit Konstablern.*
MAC *gefaßt, sehr höflich:* Guten Tag, gnädige Frau.
FRAU PEACHUM Mein lieber Herr Macheath. Mein Mann sagt,
die größten Helden der Weltgeschichte sind über diese kleine
25   Schwelle gestolpert.

---

6. *zusammenlag: zusammen-liegen, a, e* to lie together 7. *wie gesagt* as
mentioned 8. *doch's geht = doch es geht* 9. *hops (sl.)* here: pregnant 12. *Das
aber . . . gehen sollte: die Binse, -* rush (Bot.); *lit.* to go into the rushes = to perish;
which, then, nevertheless was to perish 13. *bald aus* soon over

MAC Darf ich fragen: wie geht es Ihrem Gatten?

FRAU PEACHUM Wieder besser. Leider müssen Sie sich jetzt von
den reizenden Damen hier verabschieden. Konstabler, hallo,
führen Sie den Herrn in sein neues Heim. *Man führt ihn ab.*
Frau Peachum zum Fenster hinein: Meine Damen, wenn Sie
ihn besuchen wollen, treffen Sie ihn immer zu Hause, der
Herr wohnt von nun an in Old Bailey. Ich wußte es ja, daß
er sich bei seinen Huren herumtreibt. Die Rechnung begleiche ich. Leben Sie wohl, meine Damen. *Ab.*

JENNY Du, Jakob, da ist was passiert.

JAKOB *der vor lauter Lesen nichts bemerkt hat:* Wo ist denn
Mac?

JENNY Konstabler waren da!

JAKOB Um Gottes willen, und ich lese und ich lese und ich
lese . . . Junge, Junge, Junge! *Ab.*

6

VERRATEN VON DEN HUREN, WIRD MACHEATH DURCH DIE LIEBE
EINES WEITEREN WEIBES AUS DEM GEFÄNGNIS BEFREIT.

Gefängnis in Old Bailey, ein Käfig

Auftritt Brown.

BROWN Wenn ihn nur meine Leute nicht erwischen! Lieber
Gott, ich wollte, er ritte jenseits des Moors von Highgate
und dächte an seinen Jackie. Aber er ist ja so leichtsinnig,
wie alle großen Männer. Wenn sie ihn jetzt da hereinführen
und er mich anblickt mit seinen treuen Freundesaugen, ich

8. *herumtreibt: sich herum-treiben, ie, ie* to loiter; *begleiche* begleichen, i, i to
settle (a bill) 15. *Junge, Junge, Junge* boy, oh boy, oh boy

halte das nicht aus. Gott sei Dank, der Mond scheint wenigstens; wenn er jetzt über das Moor reitet, dann irrt er wenigstens nicht vom Pfad ab. *Geräusch hinten.* Was ist das? O
mein Gott, da bringen sie ihn.

5   MAC *mit dicken Tauen gefesselt, von sechs Konstablern be-*
gleitet, tritt in stolzer Haltung ein: Na, ihr Armleuchter,
jetzt sind wir ja Gott sei Dank wieder in unserer alten Villa.
Er bemerkt Brown, der in die hinterste Ecke der Zelle flieht.

    BROWN *nach einer langen Pause, unter dem schrecklichen Blick*
10   *seines einstigen Freundes:* Ach, Mac, ich bin es nicht gewesen
... ich habe alles gemacht, was ... sieh mich nicht so an,
Mac ... ich kann es nicht aushalten ... Dein Schweigen ist
auch fürchterlich. *Brüllt einen Konstabler an:* Zieh ihn nicht
noch am Strick, du Schwein ... Sage etwas, Mac. Sage etwas
15   zu deinem armen Jackie ... Gib ihm ein Wort mit auf seinen
dunklen ... *Legt sein Haupt an die Mauer und weint.* Nicht
eines Wortes hat er mich für würdig erachtet. *Ab.*

    MAC Dieser elende Brown. Das leibhaftige schlechte Gewissen.
Und so was will oberster Polizeichef sein. Es war gut, daß
20   ich ihn nicht angeschrien habe. Zuerst dachte ich an so was.
Aber dann überlegte ich mir gerade noch rechtzeitig, daß ein
tiefer, strafender Blick ihm ganz anders den Rücken hin-
unterlaufen würde. Das hat gesessen. Ich blickte ihn an, und
er weinte bitterlich. Den Trick habe ich aus der Bibel.
25   *Auftritt Smith mit Handschellen.*

    MAC Na, Herr Aufseher, das sind wohl die schwersten, die
Sie haben? Mit Ihrer gütigen Erlaubnis möchte ich um ein
paar komfortablere bitten. *Er zieht sein Scheckbuch.*

    SMITH Aber, Herr Captn, wir haben sie hier in jeder Preis-
30   lage. Es kommt ganz darauf an, was Sie anlegen wollen.
Von einer Guinee bis zu zehn.

    MAC Was kosten gar keine?

    SMITH Fünfzig.

    MAC *schreibt einen Scheck aus:* Aber das Schlimmste ist, daß
35   jetzt diese Geschichte mit der Lucy auffliegen wird. Wenn

---

2. *irrt er . . . Pfad ab: ab-irren* to lose one's way; at least he won't lose his way   6. *ihr*
Armleuchter: der Armleuchter, - candelabra; you luminaries   17. *Nicht eines Wortes*
. . . erachtet: würdig worth; *erachten* to consider; He didn't consider me worth one
word   18. *Das leibhaftige schlechte Gewissen: leibhaftig* embodied; bad conscience
personified   19. *so was* something like that   29. *in jeder Preislage* in any price
range   30. *Es kommt ganz darauf an* It all depends   35. *diese Geschichte . . . auf-*
fliegen wird this story with Lucy will explode (become known)

Brown erfährt, daß ich hinter seinem Freundesrücken mit
seiner Tochter was gemacht habe, dann verwandelt er sich
in einen Tiger.
SMITH Ja, wie man sich bettet, so schläft man.
MAC Sicher wartet die Schlampe schon draußen. Das werden   5
schöne Tage werden bis zur Hinrichtung.

Ihr Herrn, urteilt jetzt selbst, ist das ein Leben?
Ich finde nicht Geschmack an alledem.
Als kleines Kind schon hörte ich mit Beben:
Nur wer im Wohlstand lebt, lebt angenehm!   10

Songbeleuchtung: goldenes Licht. Die Orgel wird illu-
miniert. An einer Stange kommen von oben drei Lampen
herunter, und auf den Tafeln steht:

DIE BALLADE VOM ANGENEHMEN LEBEN [9]

1
Da preist man uns das Leben großer Geister   15
Das lebt mit einem Buch und nichts im Magen
In einer Hütte, daran Ratten nagen –
Mir bleibe man vom Leib mit solchem Kleister!
Das simple Leben lebe, wer da mag!
Ich habe (unter uns) genug davon.   20
Kein Vögelchen von hier bis Babylon
Vertrüge diese Kost nur einen Tag.
Was hilft da Freiheit? Es ist nicht bequem.
Nur wer im Wohlstand lebt, lebt angenehm!

2
Die Abenteurer mit dem kühnen Wesen   25
Und ihrer Gier, die Haut zu Markt zu tragen
Die stets so frei sind und die Wahrheit sagen
Damit die Spießer etwas Kühnes lesen:

4. *wie man . . . schläft man (proverb)* the way one beds oneself, thus one sleeps =
you've made your bed, now lie in it 16. *Das lebt* translate: They live 18. *Mir bleibe*
. . . Kleister: vom Leib bleiben, ie, ie (Dat.) to spare (somebody); *der Kleister* lit.
glue, *(sl.)* nonsense; Spare me this nonsense 19. *Das simple . . . mag* Let him who
likes the simple life live it 20. *unter uns* between us 23. *Was hilft da* What good is
26. *die Haut zu Markt tragen (idiom)* to carry one's hide to market = to sacrifice oneself 28. *Spießer: der Spießer, -* bourgeois, philistine

Wenn man sie sieht, wie das am Abend friert
Mit kalter Gattin stumm zu Bette geht
Und horcht, ob niemand klatscht und nichts versteht
Und trostlos in das Jahr 5000 stiert –
5   Jetzt frag ich Sie nur noch: Ist das bequem?
Nur wer im Wohlstand lebt, lebt angenehm!

3

Ich selber könnte mich durchaus begreifen
Wenn ich mich lieber groß und einsam sähe.
Doch sah ich solche Leute aus der Nähe
10   Da sagt' ich mir: Das mußt du dir verkneifen.
Armut bringt außer Weisheit auch Verdruß
Und Kühnheit außer Ruhm auch bittre Mühn.
Jetzt warst du arm und einsam, weis' und kühn
Jetzt machst du mit der Größe aber Schluß.
15   Dann löst sich ganz von selbst das Glücksproblem:
Nur wer im Wohlstand lebt, lebt angenehm!

Auftritt Lucy.

LUCY Du gemeiner Schuft, du – wie kannst du mir ins Gesicht
sehen, nach allem, was zwischen uns gewesen ist?
MAC Lucy, hast du denn gar kein Herz? Wo du deinen Mann
20   so vor dir siehst!
LUCY Meinen Mann! Du Untier! Du glaubst also, ich wisse
nichts von der Geschichte mit Fräulein Peachum! Ich könnte
dir die Augen auskratzen!
MAC Lucy, im Ernst, du bist doch nicht so töricht und bist
25   eifersüchtig auf Polly?
LUCY Bist du denn nicht mit ihr verheiratet, du Bestie?
MAC Verheiratet! Das ist gut. Ich verkehre in diesem Haus. Ich
rede mit ihr. Ich gebe ihr mal hin und wieder eine Art Kuß,
und jetzt läuft das alberne Frauenzimmer herum und po-
30   saunt überall aus, sie sei mit mir verheiratet. Liebe Lucy,
ich bin ja bereit, alles zu deiner Beruhigung zu tun; wenn du

---

1. *wie das am Abend friert: das* that, collection of people; how they are cold at night
3. *klatscht: klatschen* to gossip, spread stories 10. *verkneifen: sich etwas verkneifen,
i, i* to stifle a desire 14. *Jetzt machst . . . Schluß: die Größe* greatness; *Schluß
machen* to finish, be done with; but now be done with greatness 15. *ganz von
selbst* all by itself 29. *posaunt überall aus: die Posaune, -n* trumpet; *aus-posaunen
(coll.)* to trumpet about; tells everyone

glaubst, du findest sie in einer Heirat mit mir – gut. Was
kann ein Gentleman mehr sagen? Er kann nicht mehr
sagen.

LUCY Oh, Mac, ich will doch nur eine anständige Frau werden.

MAC Wenn du glaubst, das wirst du durch eine Heirat mit   5
mir – gut. Was kann ein Gentleman mehr sagen? Er kann
nicht mehr sagen!

Auftritt Polly.

POLLY Wo ist mein Mann? Oh, Mac, da bist du ja. Schau doch
nicht weg, du brauchst dich nicht zu schämen vor mir. Ich   10
bin doch deine Frau.

LUCY Oh, du gemeiner Schuft!

POLLY Oh, Mackie im Kerker! Warum bist du nicht über das
Moor von Highgate geritten? Du hast mir gesagt, daß du
nicht mehr zu den Frauen gehst. Ich habe gewußt, was sie   15
dir antun würden; aber ich habe dir nichts gesagt, weil ich
dir glaubte. Mac, ich bleibe bei dir, bis in den Tod. – Kein
Wort, Mac? Kein Blick? Oh, Mac, denk doch, was deine
Polly leidet, wenn sie dich so vor sich sieht.

LUCY Ach, die Schlampe.   20

POLLY Was heißt das, Mac, wer ist das überhaupt? So sag ihr
wenigstens, wer ich bin. Sage ihr, bitte, daß ich deine Frau
bin. Bin ich nicht deine Frau? Sieh mich mal an, bin ich nicht
deine Frau?

LUCY Hinterhältiger Lump, du, hast du zwei Frauen, du   25
Ungeheuer?

POLLY Sag, Mac, bin ich nicht deine Frau? Hab ich nicht für
dich alles getan? Ich bin unschuldig in den Stand der Ehe
getreten, das weißt du. Du hast mir doch auch die Platte
übergeben, und ich habe doch alles so gemacht, wie wir's be-   30
sprochen haben, und ich soll das auch von Jakob bestellen,
daß er . . .

MAC Wenn ihr nur zwei Minuten eure Klappe halten könntet,
wäre alles aufgeklärt.

LUCY Nein, ich will nicht meine Klappe halten, ich kann es   35

---

23. *Sieh mich mal an: an-sehen, a, e* to look at: Have a look at me   33. *Wenn ihr . . .
halten könntet: die Klappe halten (sl.)* to hold one's mouth; If you could only hold
your tongue for two minutes

nicht ertragen. Jemand aus Fleisch und Blut kann so was
nicht ertragen.

POLLY Ja, meine Liebe, natürlich hat da die Frau ...

LUCY Die Frau!!

POLLY ... die Frau einen gewissen natürlichen Vorrang. Leider, meine Liebe, zum mindesten nach außen hin. Der
Mensch muß ja ganz verrückt werden von soviel Scherereien.

LUCY Scherereien, das ist gut. Was hast du dir denn da aus-
gesucht? Dieses dreckige Früchtchen! Das ist also deine große
Eroberung! Das ist also deine Schönheit von Soho!

*Songbeleuchtung: goldenes Licht. Die Orgel wird illu-
miniert. An einer Stange kommen von oben drei Lampen
herunter, und auf den Tafeln steht:*

DAS EIFERSUCHTSDUETT

I

LUCY

Komm heraus, du Schönheit von Soho!
Zeig doch mir mal deine hübschen Beine!
Ich möchte auch mal was Schönes sehen
Denn so schön wie du gibt es doch keine!
Du sollst ja auf meinen Mac solch einen Eindruck machen!

POLLY

Soll ich das, soll ich das?

LUCY

Na, da muß ich aber wirklich lachen.

POLLY

Mußt du das, mußt du das?

LUCY

Ha, das wäre ja gelacht!

POLLY

So, das wär also gelacht?

---

6. *nach außen hin* outwardly 7. *soviel Scherereien: die Schererei, -en (coll.)*
bother, trouble; so much bother 19. *Du sollst; sollen* to be supposed to 23. *das
wäre ja gelacht* that would be a laugh

LUCY
  Wenn sich Mac aus dir was macht!
POLLY
  Wenn sich Mac aus mir was macht?
LUCY
  Ha, ha, ha! Mit so einer
  Befaßt sich sowieso keiner.
POLLY
  Na, das werden wir ja sehn.   5
LUCY
  Ja, das werden wir ja sehn.
BEIDE
  Mackie und ich, wir lebten wie die Tauben
  Er liebt nur mich, das laß ich mir nicht rauben.
  Da muß ich schon so frei sein
  Das kann doch nicht vorbei sein   10
  Wenn da so 'n Mistvieh auftaucht!
  Lächerlich!

  2
POLLY
  Ach, man nennt mich Schönheit von Soho
  Und man sagt, ich hab so schöne Beine.
LUCY
  Meinst du die?   15
POLLY
  Man will ja auch mal was Hübsches sehen
  Und man sagt, so hübsch gibt es nur eine.
LUCY
  Du Dreckhaufen!
POLLY
  Selber Dreckhaufen!
  Ich soll ja auf meinen Mann so einen Eindruck machen.   20
LUCY
  Sollst du das? Sollst du das?

---

1. *Wenn sich . . . macht!: sich etwas machen aus* to care for, like; If Mac cares for
you 4. *befaßt sich: sich befassen mit* to concern oneself with 9. *Da muß ich schon
so frei sein* Let me be frank 11. *Wenn da so'n Mistvieh auftaucht: das
Mistvieh* filthy creature; *auf-tauchen* to surface, appear; When some filthy creature
(like you) appears 15. *die* those 16. *Man will . . . sehen* One wants to look at
something pretty too now and then 19. *Selber Dreckhaufen!* Trashheap yourself!

POLLY

Ja, da kann ich eben wirklich lachen.

LUCY

Kannst du das? Kannst du das?

POLLY

Und das wär ja auch gelacht!

LUCY

Ach, das wär ja auch gelacht?

POLLY

5   Wenn sich wer aus mir nichts macht.

LUCY

Wenn sich wer aus dir nichts macht!

POLLY *zum Publikum:*

Meinen Sie das auch: mit so einer
Befaßt sich sowieso keiner?

LUCY

Na, das werden wir ja sehn.

POLLY

10   Ja, das werden wir ja sehn.

BEIDE

Mackie und ich, wir lebten wie die Tauben
Er liebt nur mich, das laß ich mir nicht rauben.
Da muß ich schon so frei sein
Das kann doch nicht vorbei sein
15   Wenn da so 'n Miststück auftaucht!
Lächerlich!

MAC Also, liebe Lucy, beruhige dich, ja? Es ist doch ganz einfach ein Trick von Polly. Sie will mich gern mit dir ausein-
anderbringen. Mich hängt man, und sie möchte gern als
20   meine Witwe herumlaufen. Wirklich, Polly, dies ist doch
nicht der richtige Augenblick.

POLLY Du hast das Herz, mich zu verleugnen?

MAC Und du hast das Herz, mich weiter zu beschwatzen, daß

---

3. *das wär ja auch gelacht* wouldn't that be a laugh   5. *wer = jemand* somebody   23. *mich weiter zu beschwatzen: beschwatzen*   to talk (somebody) into; con-
tinue to talk me into believing

ich verheiratet bin? Warum, Polly, mußt du mein Elend vergrößern? *Schüttelt tadelnd den Kopf.* Polly, Polly!

LUCY Tatsächlich, Fräulein Peachum, Sie stellen sich nur selber
bloß. Ganz abgesehen davon, ist es ungeheuerlich von
Ihnen, einen Herrn in dieser Lage so aufzuregen!   5

POLLY Die einfachsten Regeln des Anstandes, verehrtes Fräulein, sollten Sie, denke ich, lehren, daß man einem Mann in
Gegenwart seiner Frau mit etwas mehr Zurückhaltung be-
gegnet.

MAC Im Ernst, Polly, das heißt wirklich den Spaß zu weit   10
getrieben.

LUCY Und wenn Sie, verehrte Dame, hier im Gefängnis einen
Krakeel anfangen wollen, dann sehe ich mich gezwungen,
den Wärter holen zu lassen, daß er Ihnen zeigt, wo die Tür
ist. Es tut mir leid, gnädiges Fräulein.   15

POLLY Frau! Frau! Frau! Gestatten Sie mir, Ihnen noch dies
zu sagen: gnädiges Fräulein, diese Airs, die Sie sich geben,
stehen Ihnen sehr schlecht. Meine Pflicht zwingt mich, bei
meinem Gatten zu bleiben.

LUCY Was sagst du da? Was sagst du? Ach, sie will nicht gehen!   20
Sie steht da und wird hinausgeschmissen und geht nicht! Soll
ich noch deutlicher werden?

POLLY Du – jetzt hältst du aber deinen dreckigen Mund, du
Fetzen, sonst hau ich dir eine in die Fresse, gnädiges
Fräulein!   25

LUCY Hinausgeschmissen bist du, du aufdringliche Person!
Mit dir muß man deutlich werden. Die feinere Art verstehst
du nicht.

POLLY Deine feinere Art! Oh, ich vergebe mir ja nur meine
Würde! Da bin ich mir doch zu gut ... allerdings. *Sie heult.*   30

LUCY So schau dir doch meinen Bauch an, du Schlampe!
Kriegt man das von der frischen Luft? Gehen dir noch nicht
die Augen auf, he?

POLLY Ach so! Hops bist du! Darauf bildest du dir wohl noch

---

3. *Sie stellen sich ja nur selber bloß: sich bloß - stellen* to expose oneself; You just
show yourself for what you are   4. *Ganz abgesehen davon* Quite apart from
that   10. *das heißt . . . getrieben* that's really carrying the joke too far   13. *Krakeel:
der Krakeel* brawl   17. *Airs* (Engl.)   18. *stehen Ihnen sehr schlecht* don't become
you at all   21. *wird hinausgeschmissen: hinaus-schmeißen* to throw out; is being
thrown out   24. *sonst hau . . . Fresse: hau = hauen* to hit; otherwise I'll hit you (one)
in the mouth   29. *ich vergebe . . . Würde: sich etwas vergeben, a, e* to compromise
oneself; I'm only compromising my dignity   34. *Hops du (sl.)* here: You're pregnant; *Darauf bildest . . . ein: sich etwas ein-bilden (auf)* to pride oneself (on); You're
even proud of it, aren't you?

etwas ein? Hättest du ihn nicht heraufgelassen, du feine
Dame!
MAC Polly!
POLLY *weinend:* Das ist wirklich zuviel. Mac, das hätte nicht
kommen dürfen. Ich weiß ja gar nicht mehr, was ich machen
soll. *Auftritt Frau Peachum.*
FRAU PEACHUM Ich wußte es. Bei ihrem Kerl ist sie. Du Dreck-
schlampe, komm sofort her. Wenn dein Kerl aufgehängt
ist, kannst du dich dazu aufhängen. Das tust du deiner ehr-
würdigen Mutter an, daß sie dich aus dem Gefängnis her-
ausholen muß. Und gleich zwei hat er dabei – dieser Nero!
POLLY Laß mich da, bitte, Mama; du weißt ja nicht . . .
FRAU PEACHUM Nach Hause, aber sofort.
LUCY Da hören Sie es, Ihre Mama muß Ihnen sagen, was sich
schickt.
FRAU PEACHUM Marsch.
POLLY Gleich. Ich muß nur noch . . . ich muß ihm doch noch
etwas sagen . . . Wirklich . . . Weißt du, das ist sehr wichtig.
FRAU PEACHUM *gibt ihr eine Ohrfeige:* So, das ist auch wichtig.
Marsch!
POLLY O Mac! *Wird abgeschleppt.*
MAC Lucy, du hast dich prachtvoll benommen. Ich hatte
natürlich Mitleid mit ihr. Deshalb konnte ich das Frauen-
zimmer schon nicht so behandeln, wie sie es verdient. Du
dachtest ja zuerst, es wäre etwas Wahres an dem, was sie
sagte. Hab ich recht?
LUCY Ja, das dachte ich, Liebster.
MAC Wenn etwas dran wäre, würde mich ihre Mutter doch
nicht in diese Lage gebracht haben. Hast du gehört, wie sie
über mich herzog? So behandelt man doch als Mutter höchstens einen Verführer und nicht einen Schwiegersohn.
LUCY Wie glücklich bin ich, wenn du dies so aus Herzensgrund
sagst. Ich liebe dich ja so sehr, daß ich dich fast lieber am
Galgen sehe als in den Armen einer anderen. Ist das nicht
merkwürdig?

---

1. *Hättest . . . heraufgelassen* You shouldn't have let him   4. *das hätte nicht kommen
dürfen* that shouldn't have come = that's too much   9. *Das tust . . . Mutter
an* This is what you do to your respectable mother   11. *Nero* Roman emperor
29. *wie sie über mich herzog: über jemanden herziehen, o, o* to speak badly about a
person   32. *aus Herzensgrund* from the bottom of the heart

MAC Lucy, dir möchte ich mein Leben verdanken.

LUCY Das ist wundervoll, wie du das sagst, sag es noch mal.

MAC Lucy, dir möchte ich mein Leben verdanken.

LUCY Soll ich mit dir fliehen, Liebster?

MAC Ja, nur weißt du, wenn wir zusammen fliehen, können   5
wir uns schwer verstecken. Sobald man mit der Sucherei
aufhört, werde ich dich sofort holen lassen, und zwar per
Eilpost, das kannst du dir denken!

LUCY Wie soll ich dir helfen?

MAC Bring Hut und Stock!   10
*Lucy kommt zurück mit Hut und Stock und wirft sie ihm
in seine Zelle.*

MAC Lucy, die Frucht unserer Liebe, die du unter deinem Herzen trägst, wird uns für ewig aneinanderketten.
Lucy ab.   15

SMITH *tritt auf, geht in den Käfig und sagt zu Mac:* Geben Sie
mal den Stock her.
*Nach einer kleinen Jagd durch Smith, der mit einem Stuhl
und einer Brechstange Mac herumtreibt, springt Mac über
das Gitter. Konstabler setzen ihm nach. Auftritt Brown.*   20

BROWN *(Stimme):* Hallo, Mac! – Mac, bitte, antworte, hier
ist Jackie. Mac, bitte, sei so gut und antworte, ich kann es
nicht mehr aushalten. *Herein.* Mackie! Was ist das? Nun ist
er fort, Gott sei Dank! *Er setzt sich auf die Pritsche.*
Auftritt Peachum.   25

PEACHUM *zu Smith:* Mein Name ist Peachum. Ich komme mir
die vierzig Pfund abholen, die für die Dingfestmachung des
Banditen Macheath ausgesetzt sind. *Erscheint vor dem
Käfig.* Hallo! Ist das Herr Macheath? *Brown schweigt.* Ach,
so! Ach, der andere Herr ist wohl auf den Bummel gegangen?   30
Ich komme da herein, einen Verbrecher zu besuchen, und
wer sitzt da: der Herr Brown! Tiger-Brown sitzt da, und
sein Freund Macheath sitzt nicht da.

BROWN *stöhnend:* O Herr Peachum, es ist nicht meine Schuld.

PEACHUM Sicher nicht, wieso denn, Sie selber werden doch   35

---

1. *mein Leben verdanken* to owe my life 7. *per Eilpost* by express mail, post haste
20. *setzen ihm nach: jemandem nach-setzen* to pursue someone 27. *die Dingfestmachung* apprehension 30. *auf den Bummel gegangen: auf den Bummel gehen, i, a*
to go for a stroll 35. *wieso denn* how could it be

nicht . . . wo Sie sich dadurch in eine solche Lage bringen
werden . . . unmöglich, Brown.

BROWN Herr Peachum, ich bin außer mir.

PEACHUM Das glaube ich. Scheußlich müssen Sie sich fühlen.

5 BROWN Ja, dieses Gefühl der Ohnmacht ist es, was einen so
lähmt. Die Kerls machen ja, was sie wollen. Es ist schrecklich, schrecklich.

PEACHUM Wollen Sie sich nicht ein wenig legen? Sie schließen
einfach die Augen und tun, als sei nichts gewesen. Denken
10 Sie, Sie sind auf einer hübschen grünen Wiese mit weißen
Wölkchen darüber, und die Hauptsache, daß Sie sich diese
greulichen Dinge da aus dem Kopf schlagen. Die gewesenen
und vor allem die, die noch kommen werden.

BROWN *beunruhigt:* Was meinen Sie damit?

15 PEACHUM Sie halten sich wunderbar. Ich würde in Ihrer Lage
einfach zusammenbrechen, ins Bett kriechen und heißen Tee
trinken. Und vor allem zusehen, daß mir jemand irgendeine
Hand auf die Stirne legt.

BROWN Zum Teufel, ich kann doch nichts dafür, wenn der
20 Kerl entweicht. Die Polizei kann da nichts machen.

PEACHUM So, die Polizei kann da nichts machen? Sie glauben
nicht, daß wir Herrn Macheath hier wiedersehen werden?
Brown zuckt mit den Achseln. Dann ist es scheußlich ungerecht, was mit Ihnen geschehen wird. Jetzt wird man
25 natürlich wieder sagen, die Polizei hätte ihn nicht laufen
lassen dürfen. Ja, den strahlenden Krönungszug, den sehe
ich ja noch nicht.

BROWN Was soll das heißen?

PEACHUM Ich darf Sie da wohl an einen historischen Vorfall
30 erinnern, der, obwohl er seinerzeit, im Jahre vierzehnhun-
dert vor Christi, großes Aufsehen erregte, doch heute weiteren Kreisen unbekannt ist. Als der ägyptische König
Ramses der Zweite gestorben war, ließ sich der Polizeihauptmann von Ninive, beziehungsweise Kairo, irgendeine
35 Kleinigkeit gegen die untersten Schichten der Bevölkerung

---

3. *ich bin außer mir* I am beside myself 6. *Die Kerls . . . wollen* these fellows do
just what they like 11. *daß Sie . . . schlagen: sich etwas aus dem Kopf schlagen* to get
something out of ones mind; that you get these awful things out of your mind 12. *Die
gewesenen* Those past 17. *vor allem zusehen* most of all see to it 30. *seinerzeit* in
its time 33. *ließ sich . . . zuschulden kommen; sich etwas zuschulden kommen lassen*
to be guilty of something; was guilty

zuschulden kommen. Die Folgen waren schon damals furchtbar. Der Krönungszug der Thronfolgerin Semiramis wurde, wie es in den Geschichtsbüchern heißt, »durch die allzu lebhafte Beteiligung der untersten Schichten der Bevölkerung zu einer Kette von Katastrophen«. Die Historiker sind außer sich vor Entsetzen, wie furchtbar sich Semiramis ihrem Polizeihauptmann gegenüber benahm. Ich erinnere mich nur dunkel, aber es war die Rede von Schlangen, die sie an seinem Busen nährte.

BROWN Wirklich?

PEACHUM Der Herr sei mit Ihnen, Brown. *Ab.*

BROWN Jetzt kann nur mehr die eiserne Faust helfen, Sergeanten, zur Konferenz, Alarm!

Vorhang. Macheath und Spelunken-Jenny treten vor den Vorhang und singen bei Songbeleuchtung.

Zweites Dreigroschen-Finale

DENN WOVON LEBT DER MENSCH?

I

MAC

Ihr Herrn, die ihr uns lehrt, wie man brav leben
Und Sünd und Missetat vermeiden kann
Zuerst müßt ihr uns was zu fressen geben
Dann könnt ihr reden: damit fängt es an.
Ihr, die ihr euren Wanst und unsre Bravheit liebt
Das eine wisset ein für allemal:
Wie ihr es immer dreht und wie ihr's immer schiebt
Erst kommt das Fressen, dann kommt die Moral.
Erst muß es möglich sein auch armen Leuten
Vom großen Brotlaib sich ihr Teil zu schneiden.

---

3. *wie es . . . heißt* as it says   6. *vor Entsetzen* with horror   7. *ihrem Polizeihauptmann gegenüber benahm: gegenüber* towards; *benehmen, a, o* to behave; behaved towards her police captain   18. *Ihr Herrn* You gentlemen   22. *(der) Wanst* paunch   24. *Wie ihr es . . . schiebt* However you twist it and however you turn it   25. *Erst kommt . . . die Moral: fressen, a, e (vulg.)* to eat (of animals); *die Moral* morals; first comes the feeding, then come the morals

STIMME *hinter der Szene:*

Denn wovon lebt der Mensch?

MAC

Denn wovon lebt der Mensch? Indem er stündlich
Den Menschen peinigt, auszieht, anfällt, abwürgt und frißt.
5   Nur dadurch lebt der Mensch, daß er so gründlich
Vergessen kann, daß er ein Mensch doch ist.

CHOR

Ihr Herren, bildet euch nur da nichts ein:
Der Mensch lebt nur von Missetat allein!

2

JENNY

Ihr lehrt uns, wann ein Weib die Röcke heben
10   Und ihre Augen einwärts drehen kann.
Zuerst müßt ihr uns was zu fressen geben
Dann könnt ihr reden: damit fängt es an.
Ihr, die auf unsrer Scham und eurer Lust besteht
Das eine wisset ein für allemal:
15   Wie ihr es immer schiebt und wie ihr's immer dreht
Erst kommt das Fressen, dann kommt die Moral.
Erst muß es möglich sein auch armen Leuten
Vom großen Brotlaib sich ihr Teil zu schneiden.

STIMME *hinter der Szene:*
20   Denn wovon lebt der Mensch?

JENNY

Denn wovon lebt der Mensch? Indem er stündlich
Den Menschen peinigt, auszieht, anfällt, abwürgt und frißt.
Nur dadurch lebt der Mensch, daß er so gründlich
Vergessen kann, daß er ein Mensch doch ist.

CHOR

25   Ihr Herren, bildet euch nur da nichts ein:
Der Mensch lebt nur von Missetat allein!

7. *bildet euch nur da nichts ein: sich etwas ein-bilden*   to flatter oneself; don't flatter yourself in that regard   13. *Ihr, die . . . besteht: bestehen, a, a (auf)*   to insist (upon); You who insist   14. *Das eine . . . allemal*   One thing (you must) know once and for all

Dritter Akt

7

IN DERSELBEN NACHT RÜSTET PEACHUM ZUM AUFBRUCH. DURCH
EINE DEMONSTRATION DES ELENDS BEABSICHTIGT ER, DEN KRÖ-
NUNGSZUG ZU STÖREN.

Peachums Bettlergarderoben

Die Bettler bemalen Täfelchen mit Aufschriften wie »Mein   5
Auge gab ich dem König« und so weiter.

PEACHUM Meine Herren, in dieser Stunde arbeiten in unseren
elf Filialen von Drury Lane bis Turnbridge eintausendvier-
hundertzweiunddreißig Herren an solchen Täfelchen wie
Sie, um der Krönung unserer Königin beizuwohnen.   10
FRAU PEACHUM Vorwärts, vorwärts! Wenn ihr nicht arbeiten
wollt, könnt ihr nicht betteln. Du willst ein Blinder sein und
kannst nicht einmal ein richtiges K machen? Das soll 'ne
Kinderhandschrift sein, das ist ja ein alter Mann.
Trommelwirbel.   15
BETTLER Jetzt tritt die Krönungswache unter das Gewehr, die
werden auch noch nicht ahnen, daß sie es heute, an dem
schönsten Tag ihres Militärlebens, mit uns zu tun haben
werden.
FILCH *herein, meldet:* Da kommt ein Dutzend übernächtiger   20
Hühner angetrippelt, Frau Peachum. Sie behaupten, sie
kriegen hier Geld.
Auftreten die Huren.
JENNY Gnädige Frau . . .

---

16. *Jetzt tritt . . . Gewehr* Now the coronation guard is presenting arms 20. *Da
kommt . . . angetrippelt: angetrippelt kommen, a, o* to come traipsing in; There come
a dozen sleepy-looking hens (Am. eq. chicks) traipsing in

FRAU PEACHUM Na, ihr seht ja aus wie von der Stange gefallen. Ihr kommt wohl wegen dem Geld für euren Macheath? Also, ihr bekommt gar nichts, versteht ihr, gar nichts.
JENNY Wie dürfen wir das verstehen, gnädige Frau?
5 FRAU PEACHUM Mir auf die Bude zu rücken mitten in der
Nacht! Drei Uhr früh in ein anständiges Haus zu kommen!
Ihr solltet euch lieber ausschlafen von eurem Gewerbe. Aussehen tut ihr wie gespiene Milch.
JENNY So, wir können also unser kontraktliches Honorar da-
10 für, daß wir Herrn Macheath dingfest gemacht haben, nicht
bekommen, gnädige Frau?
FRAU PEACHUM Ganz richtig, einen Dreck bekommt ihr und
keinen Judaslohn.
JENNY Und warum, gnädige Frau?
15 FRAU PEACHUM Weil dieser saubere Herr Macheath wieder in
alle Winde verstreut ist. Darum. Und jetzt marsch aus
meiner guten Stube, meine Damen.
JENNY Also, das ist doch die Höhe. Machen Sie das nur nicht
mit uns. Das möchte ich Ihnen gesagt haben. Mit uns nicht.
20 FRAU PEACHUM Filch, die Damen wünschen hinausgeführt zu
werden.
Filch geht auf die Damen zu, Jenny stößt ihn fort.
JENNY Ich möchte Sie doch bitten, Ihre dreckige Fresse zu
halten, sonst könnte es passieren, daß . . .
25 *Auftritt Peachum.*
PEACHUM Was ist denn los, du hast ihnen doch hoffentlich kein
Geld gegeben, na, wie ist's, meine Damen? Sitzt der Herr
Macheath oder sitzt er nicht?
JENNY Lassen Sie mich mit Ihrem Herrn Macheath in Ruhe.
30 Dem können Sie nicht das Wasser reichen. Ich habe heute
nacht einen Herrn weggehen lassen müssen, weil ich in die
Kissen weinte, als ich daran denken mußte, daß ich diesen
Gentleman an Sie verkauft habe. Ja, meine Damen, und
was glauben Sie, was heute morgen geschah? Vor noch nicht
35 einer Stunde, ich hatte mich eben in den Schlaf geweint, pfiff

---

1. *wie von der Stange gefallen* as (if you had) fallen off the perch   5. *Mir auf die
Bude zu rücken: auf die Bude rücken (sl.)* to invade (somebody's) room; to come
bursting in here   8. *wie gespiene Milch* like thrown-up milk   16. *in alle Winde
verstreut ist* is scattered in all the winds = has disappeared   17. *guten Stube: die gute
Stube* parlor   18. *das ist doch die Höhe* that's really the limit   19. *Das möchte ich
Ihnen gesagt haben* = Let me tell you   23. *Ihre dreckige Fresse zu halten (vulg.)* to
shut your dirty mouth   27. *Sitzt der Herr = sitzt er im Gefängnis*   30. *Dem können
. . . reichen (coll.)* lit. You can't offer him water = you're nothing compared to him

es, und auf der Straße stand eben dieser Herr, um den ich geweint hatte, und wünschte, daß ich ihm den Schlüssel herunterwerfe. In meinen Armen wollte er mich die Unbill vergessen machen, die ich ihm zugefügt habe. Das ist der letzte Gentleman in London, meine Damen. Und wenn unsere Kollegin Suky Tawdry jetzt hier nicht mitgekommen ist, dann ist es, weil er von mir noch zu ihr ging, um auch sie zu trösten.

PEACHUM *vor sich hin:* Suky Tawdry . . .

JENNY So, jetzt wissen Sie, daß Sie diesem Herrn nicht das Wasser reichen können. Sie niedriger Spitzel.

PEACHUM Filch, lauf schnell zum nächsten Polizeiposten, Herr Macheath weilen bei Fräulein Suky Tawdry. *Filch ab.* Aber, meine Damen, warum streiten wir? Das Geld wird gezahlt werden, selbstverständlich. Liebe Celia, du solltest lieber gehen und für die Damen Kaffee kochen, als daß du sie hier anpöbelst.

FRAU PEACHUM *im Abgehen:* Suky Tawdry! *Sie singt die dritte Strophe der »Ballade von der sexuellen Hörigkeit«:*

Da steht nun einer fast schon unterm Galgen
Der Kalk ist schon gekauft, ihn einzukalken
Sein Leben hängt an einem brüchigen Fädchen
Und was hat er im Kopf, der Bursche? Mädchen.
Schon unterm Galgen, ist er noch bereit.
Das ist die sexuelle Hörigkeit.
  Er ist schon sowieso verkauft mit Haut und Haar
  Er hat in ihrer Hand den Judaslohn gesehn
  Und sogar er beginnt nun zu verstehn
  Daß ihm des Weibes Loch das Grabloch war.
  Und er mag wüten gegen sich und toben –
  Bevor es Nacht wird, liegt er wieder droben.

PEACHUM Vorwärts, vorwärts, ihr würdet einfach in den Kloaken von Turnbridge verkommen, wenn ich nicht in meinen

---

3. *wollte er . . . zugefügt habe: die Unbill* wrong; *zu-fügen* to inflict, cause; he wanted to make me forget the wrong I caused him   16. *als daß . . . anpöbelst: an-pöbeln* to abuse; rather than abusing them here   21. *ihn einzukalken: ein-kalken* to put into quicklime; to put him into quicklime

schlaflosen Nächten herausgebracht hätte, wie man aus
eurer Armut einen Penny herausziehen kann. Aber ich habe
herausgebracht, daß die Besitzenden der Erde das Elend
zwar anstiften können, aber sehen können sie das Elend
nicht. Denn es sind Schwächlinge und Dummköpfe, genau
wie ihr. Wenn sie gleich zu fressen haben bis zum Ende ihrer
Tage und ihren Fußboden mit Butter einschmieren können,
daß auch die Brosamen, die von den Tischen fallen, noch
fett werden, so können sie doch nicht mit Gleichmut einen
Mann sehen, der vor Hunger umfällt, freilich muß es vor
ihrem Haus sein, daß er umfällt.
Auftritt Frau Peachum mit einem Tablett voll Kaffeetassen.
FRAU PEACHUM Sie können morgen am Geschäft vorbeikom-
men und sich Ihr Geld holen, aber nach der Krönung.
JENNY Frau Peachum, Sie sehen mich sprachlos.
PEACHUM Antreten, wir versammeln uns in einer Stunde vorm
Buckingham-Palast. Marsch. *Antreten der Bettler.*
FILCH *stürzt herein:* Polente! Bis zur Wache bin ich gar nicht
gekommen. Die Polizei ist schon da!
PEACHUM Versteckt euch! *Zu Frau Peachum:* Stell die Kapelle
zusammen, vorwärts. Und wenn du mich sagen hörst harm-
los, verstehst du mich: h a r m l o s ...
FRAU PEACHUM Harmlos? Ich verstehe gar nichts.
PEACHUM Selbstverständlich verstehst du gar nichts. Also,
wenn ich sage h a r m l o s ... *Es klopft an die Tür.* Gott sei
Dank, da ist ja das Schlüsselchen, h a r m l o s, dann spielt ihr
irgendeine Art von Musik. Los!
*Frau Peachum mit Bettlern ab. Die Bettler, bis auf das Mäd-
chen mit der Tafel »Ein Opfer militärischer Willkür«, verstecken sich mit ihren Sachen hinten rechts hinter der Kleiderstange. Auftreten Brown und Konstabler.*
BROWN So, und jetzt wird durchgegriffen, Herr Bettlers
Freund. Gleich mal in Ketten legen, Smith. Ach, da sind ja
einige von den reizenden Tafeln. *Zum Mädchen:* »Ein
Opfer militärischer Willkür« – sind Sie das?

1. *herausgebracht hätte: heraus-bringen a, a* to figure out; had figured out
16. *Antreten* Report for work 20. *Stell die Kapelle zusammen* Assemble the
orchestra 32. *jetzt wird durchgegriffen: durch-greifen, i, i* to take drastic action;
now there'll be some drastic action 33. *Gleich mal in Ketten legen: die Kette, -n*
chain; Put him in chains right off

PEACHUM Guten Morgen, Brown, guten Morgen, gut geschlafen?

BROWN He?

PEACHUM Morgen, Brown.

BROWN Sagt er das zu mir? Kennt er einen von euch? Ich 5
glaube nicht, daß ich das Vergnügen habe, dich zu kennen.

PEACHUM So, nicht? Morgen, Brown.

BROWN Hauen Sie ihm den Hut vom Kopf.

Smith tut es.

PEACHUM Sehen Sie, Brown, nun Sie mal Ihr Weg v o r b e i - 10
führt, ich sage v o r b e i, Brown, da kann ich Sie ja gleich
darum bitten, einen gewissen Macheath endlich hinter
Schloß und Riegel zu bringen.

BROWN Der Mann ist verrückt. Lachen Sie nicht, Smith. Sagen
Sie mal, Smith, wie ist es möglich, daß dieser notorische Ver- 15
brecher in London frei herumläuft?

PEACHUM Weil er Ihr Freund ist, Brown.

BROWN Wer?

PEACHUM Mackie Messer. Ich doch nicht. Ich bin doch kein
Verbrecher. Ich bin doch ein armer Mensch, Brown. Mich 20
können Sie doch nicht schlecht behandeln. Brown, Sie stehen
doch vor der schlimmsten Stunde Ihres Lebens, möchten Sie
Kaffee? *Zu den Huren:* Kinder, gebt doch mal dem Herrn
Polizeichef einen Schluck ab, ist doch kein Benehmen. Ver-
tragen wir uns doch alle. Wir halten uns doch alle an das 25
Gesetz! Das Gesetz ist einzig und allein gemacht zur Aus-
beutung derer, die es nicht verstehen oder die es aus nackter
Not nicht befolgen können. Und wer von dieser Ausbeutung
seinen Brocken abbekommen will, muß sich streng an das
Gesetz halten. 30

BROWN So, Sie halten also unsere Richter für bestechlich!

PEACHUM Im Gegenteil, Herr, im Gegenteil! Unsere Richter
sind ganz und gar unbestechlich: mit keiner Geldsumme
können sie dazu bestochen werden, Recht zu sprechen!

Zweites Trommelzeichen. 35

---

10. *nun Sie mal Ihr Weg vorbeiführt* since your way happens to lead past (my
house) 13. *Schloß und Riegel* lock and key 23. *gebt doch . . . Schluck ab:* ab-
geben, a, e to give, share; give the police chief a sip of yours 24. *(das) ist doch kein
Benehmen: das Benehmen* behavior; that's no behavior = where are your manners?;
Vertragen wir uns doch alle: sich vertragen, u, a to get along; Let's all get
along 25. *Wir halten . . . Gesetz: sich halten an, ie, a* to adhere to; we all adhere to
the law 33. *ganz und gar* totally 34. *bestochen: bestechen, a, o.* to bribe

PEACHUM Abmarsch der Truppen zur Spalierbildung. Der Abmarsch der Ärmsten der Armen eine halbe Stunde später.

BROWN Ja, ganz recht, Herr Peachum. Abmarsch der Ärmsten der Armen in einer halben Stunde nach Old Bailey ins Gefängnis, in die Winterquartiere. *Zu den Konstablern:* So, Jungens, nun sammelt mal da ein, was da ist. Alles einsammeln, was ihr an Patrioten hier vorfindet. *Zu den Bettlern:* Habt ihr schon mal was vom Tiger-Brown gehört? Diese Nacht, Peachum, habe ich nämlich die Lösung gefunden und, ich darf wohl sagen, einen Freund aus Todesnot errettet. Ich räuchere einfach Ihr ganzes Nest aus. Und sperre alles ein wegen – ja, wegen was wohl? Wegen Straßenbettel. Sie schienen mir doch anzudeuten, daß Sie mir und der Königin an diesem Tage die Bettler auf den Hals schicken wollen. Und diese Bettler nehme ich mal fest. Da kannst du was lernen.

PEACHUM Sehr schön, nur – was für Bettler?

BROWN Na, diese Krüppel hier. Smith, wir nehmen die Herren Patrioten gleich mit.

PEACHUM Brown, ich kann Sie da vor einer Übereilung bewahren; Gott sei Dank, Brown, daß Sie da zu mir gekommen sind. Sehen Sie, Brown, diese paar Leute können Sie natürlich verhaften, die sind harmlos, harmlos ...
Musik setzt ein, und zwar spielt sie einige Takte von dem »Lied von der Unzulänglichkeit« voraus.

BROWN Was ist denn das?

PEACHUM Musik. Sie spielen eben, so gut sie können. Das Lied von der Unzulänglichkeit. Kennen Sie nicht? Da können Sie was lernen.

Songbeleuchtung: goldenes Licht. Die Orgel wird illuminiert. An einer Stange kommen von oben drei Lampen herunter, und auf den Tafeln steht:

---

1. *Abmarsch . . . Spalierbildung* departure of the troops to line the route   6. *nun sammelt da mal ein: ein-sammeln* to collect, round up; now round up   11. *Ich räuchere . . . aus: aus-räuchern* to smoke out; *Und sperre alles ein: ein-sperren* to lock up: and lock up everyone   13. *mir . . . auf den Hals schicken wollen (coll.): der Hals, -̈e* neck; *lit.* want to send on my neck = want to thrust on me

DAS LIED VON DER UNZULÄNGLICHKEIT
MENSCHLICHEN STREBENS

1
Der Mensch lebt durch den Kopf
Der Kopf reicht ihm nicht aus
Versuch es nur, von deinem Kopf   5
Lebt höchstens eine Laus.
    Denn für dieses Leben
    Ist der Mensch nicht schlau genug.
    Niemals merkt er eben
    Allen Lug und Trug.   10

2
Ja, mach nur einen Plan
Sei nur ein großes Licht!
Und mach dann noch 'nen zweiten Plan
Gehn tun sie beide nicht.
    Denn für dieses Leben   15
    Ist der Mensch nicht schlecht genug.
    Doch sein höh'res Streben
    Ist ein schöner Zug.

3
Ja, renn nur nach dem Glück
Doch renne nicht zu sehr!   20
Denn alle rennen nach dem Glück
Das Glück rennt hinterher.
    Denn für dieses Leben
    Ist der Mensch nicht anspruchslos genug
    Drum ist all sein Streben   25
    Nur ein Selbstbetrug.

PEACHUM Ihr Plan, Brown, war genial, aber undurchführbar.
    Was Sie hier festnehmen können, sind ein paar junge Leute,

14. *Gehn tun sie beide nicht* They both won't work

die aus Freude über die Krönung ihrer Königin einen
kleinen Maskenball veranstalten. Wenn die richtigen Elenden kommen – hier ist kein einziger –, sehen Sie, da kommen
doch Tausende. Das ist es: Sie haben die ungeheure Zahl der
Armen vergessen. Wenn die da nun vor der Kirche stehen,
das ist doch kein festlicher Anblick. Die Leute sehen doch
nicht gut aus. Wissen Sie, was eine Gesichtsrose ist, Brown?
Aber jetzt erst hundertzwanzig Gesichtsrosen? Die junge
Königin sollte auf Rosen gebettet sein und nicht auf Gesichtsrosen. Und dann diese Verstümmelten am Kirchenportal. Das wollen wir doch vermeiden, Brown. Sie sagen
wahrscheinlich, die Polizei wird mit uns armen Leuten fertig
werden. Das glauben Sie ja selbst nicht. Aber wie wird es
aussehen, wenn anläßlich der Krönung sechshundert arme
Krüppel mit Knütteln niedergehauen werden müssen?
Schlecht würde es aussehen. Ekelhaft sieht es aus. Zum
Übelwerden ist es. Mir ist ganz schwach, Brown, wenn ich
daran denke. Einen kleinen Stuhl, bitte.

BROWN *zu Smith:* Das ist eine Drohung. Sie, das ist eine Erpressung. Dem Mann kann man nichts anhaben, dem Mann
kann man im Interesse der öffentlichen Ordnung gar nichts
anhaben. Das ist noch nie vorgekommen.

PEACHUM Aber jetzt kommt es vor. Ich will Ihnen etwas
sagen: der Königin von England gegenüber können Sie sich
benehmen, wie Sie wollen. Aber dem ärmsten Mann Londons können Sie nicht auf die Zehen treten, sonst haben sie
ausgebrownt, Herrn Brown.

BROWN Ich soll also Mackie Messer verhaften? Verhaften? Sie
haben gut reden. Erst muß man einen Mann haben, bevor
man ihn verhaften kann.

PEACHUM Wenn Sie mir das sagen, da kann ich nicht widersprechen. Dann werde also ich Ihnen den Mann besorgen;
wir wollen doch sehen, ob es noch Moral gibt. Jenny, wo
halten sich der Herr Macheath auf?

JENNY Oxford Street 21, bei Suky Tawdry.

---

7. *die Gesichtsrose* running sores on the face   16. *Zum Übelwerden ist es: übel werden, u, o (with Dat.)* to become nauseous; enough to make one sick   20. *Dem Mann
. . . anhaben: einem etwas an-haben* to hold something against a person; we can't do
anything against this man   24. *der Königin von England gegenüber* towards the
Queen of England   34. *halten sich . . . auf (very formal)* is he staying

BROWN Smith, geht sofort nach Oxford Street 21 zu Suky
Tawdry, nehmt Macheath fest und bringt ihn nach Old
Bailey. Ich muß inzwischen meine Galauniform anziehen.
An diesem Tage muß ich mir meine Galauniform anziehen.
PEACHUM Brown, wenn er um sechs nicht hängt . . .   5
BROWN O Mac, es ging nicht. *Ab mit Konstablern.*
PEACHUM *nachrufend:* Haben Sie was gelernt, Brown!
Drittes Trommelzeichen.
PEACHUM Drittes Trommelzeichen. Umorientierung des Auf-
marschplanes. Neue Richtung: die Gefängnisse von Old   10
Bailey. Marsch.
Bettler ab.

PEACHUM *singt die vierte Strophe des »Liedes von der Unzu-
länglichkeit«:*
Der Mensch ist gar nicht gut   15
Drum hau ihn auf den Hut.
Hast du ihn auf den Hut gehaut
Dann wird er vielleicht gut.
　　Denn für dieses Leben
　　Ist der Mensch nicht gut genug   20
　　Darum haut ihn eben
　　Ruhig auf den Hut.

*Vorhang. Vor dem Vorhang erscheint Jenny mit einem
Leierkasten und singt den*

SALOMON-SONG   25

I
Ihr saht den weisen Salomon
Ihr wißt, was aus ihm wurd!
Dem Mann war alles sonnenklar.
Er verfluchte die Stunde seiner Geburt

---

3. *Galauniform* dress uniform 9. *Umorientierung des Aufmarschplans* Change of
direction of the plan of deployment 27. *wurd = wurde*

Und sah, daß alles eitel war.
Wie groß und weis war Salomon!
Und seht, da war es noch nicht Nacht
Da sah die Welt die Folgen schon:
5   Die Weisheit hatte ihn so weit gebracht –
Beneidenswert, wer frei davon!

2
Ihr saht die schöne Kleopatra
Ihr wißt, was aus ihr wurd!
Zwei Kaiser fielen ihr zum Raub.
10   Da hat sie sich zu Tod gehurt
Und welkte hin und wurde Staub.
Wie schön und groß war Babylon!
Und seht, da war es noch nicht Nacht
Da sah die Welt die Folgen schon:
15   Die Schönheit hatte sie so weit gebracht –
Beneidenswert, wer frei davon!

3
Ihr saht den kühnen Cäsar dann
Ihr wißt, was aus ihm wurd!
Der saß wie 'n Gott auf 'nem Altar
20   Und wurde ermordet, wie ihr erfuhrt
Und zwar, als er am größten war.
Wie schrie der laut: »Auch du, mein Sohn!«
Und seht, da war es noch nicht Nacht
Da sah die Welt die Folgen schon:
25   Die Kühnheit hatte ihn so weit gebracht –
Beneidenswert, wer frei davon!

4
Ihr kennt den wissensdurstigen Brecht
Ihr sangt ihn allesamt!
Dann hat er euch zu oft gefragt

---

6. *wer frei davon* wer frei davon (ist)   9. *fielen ihr zum Raub: jemandem zum Raub
fallen, ie, a* to become somebody's prey; became her prey   20. *wie ihr erfuhrt:
erfahren, u, a* to learn, find out; as you learned   28. *Ihr sangt ihn allesamt* all of
you sang him (his songs)

Woher der Reichen Reichtum stammt
Da habt ihr ihn jäh aus dem Land gejagt.
Wie wissensdurstig war doch meiner Mutter Sohn!
Und seht, da war es noch nicht Nacht
Da sah die Welt die Folgen schon: 5
Sein Wissensdurst hat ihn so weit gebracht –
Beneidenswert, wer frei davon!

5
Und jetzt seht ihr den Herrn Macheath
Sein Kopf hängt an 'nem Haar!
Solang er folgte der Vernunft   10
Und raubte, was zu rauben war
War er ein Großer seiner Zunft.
Dann lief sein Herz mit ihm davon!
Und seht, jetzt ist es noch nicht Nacht
Da sieht die Welt die Folgen schon: 15
Die Sinnlichkeit hat ihn so weit gebracht –
Beneidenswert, wer frei davon!

8

KAMPF UM DAS EIGENTUM.[10]

Ein Mädchenzimmer in Old Bailey

Lucy.

SMITH *herein:* Gnädiges Fräulein, Frau Polly Macheath   20
möchte Sie sprechen.

12. *ein Großer seiner Zunft: die Zunft, -̈e* guild; a master of his guild   19. *Mädchenzimmer* maid's room = attic room

LUCY Frau Macheath? Führ sie herein.
Auftritt Polly.
POLLY Guten Tag, gnädige Frau. Gnädige Frau, guten Tag!
LUCY Bitte, Sie wünschen?
5 POLLY Erkennen Sie mich wieder?
LUCY Natürlich kenne ich Sie.
POLLY Ich komme heute, um Sie um Entschuldigung zu bitten
für mein gestriges Benehmen.
LUCY Sehr interessant.
10 POLLY Ich habe eigentlich gar keine Entschuldigung für mein
gestriges Benehmen, außer – mein eigenes Unglück.
LUCY Ja, ja.
POLLY Gnädige Frau, Sie müssen mich entschuldigen. Ich war
sehr gereizt gestern durch Herrn Macheaths Benehmen. Er
15 hätte uns doch wirklich nicht in eine solche Lage bringen
dürfen, nicht wahr, das können Sie ihm auch sagen, wenn
Sie ihn sehen.
LUCY Ich – ich – sehe ihn nicht.
POLLY Sie sehen ihn schon.
20 LUCY Ich sehe ihn nicht.
POLLY Entschuldigen Sie.
LUCY Er hat Sie doch sehr gern.
POLLY Ach nein, der liebt nur Sie, das weiß ich ganz genau.
LUCY Sehr liebenswürdig.
25 POLLY Aber, gnädige Frau, ein Mann hat immer Angst vor
einer Frau, die ihn zu sehr liebt. Natürlich kommt es dann
so, daß er die Frau vernachlässigt und meidet. Ich sah es auf
den ersten Blick, daß er Ihnen in einer Weise verpflichtet ist,
die ich natürlich nicht ahnen konnte.
30 LUCY Meinen Sie das eigentlich aufrichtig?
POLLY Natürlich, bestimmt, sehr aufrichtig, gnädige Frau. Ich
bitte Sie.
LUCY Liebes Fräulein Polly, wir haben ihn beide zu sehr geliebt.

---

8. *mein gestriges Benehmen* my behavior of yesterday 28. *daß er . . . verpflichtet ist:*
jemandem verpflichtet sein to be indebted to a person; that he is indebted to you in a
manner

POLLY Vielleicht das. *Pause.* Und jetzt, gnädige Frau, ich will
Ihnen erklären, wie alles kam. Vor zehn Tagen habe ich
Herrn Macheath zum ersten Male im Tintenfisch-Hotel ge-
sehen. Meine Mutter war auch dabei. Fünf Tage darauf, also
ungefähr vorgestern, haben wir uns vermählt. Gestern habe   5
ich erfahren, daß die Polizei ihn wegen mannigfacher Ver-
brechen sucht. Und heute weiß ich nicht, was kommen wird.
Also noch vor zwölf Tagen, gnädige Frau, hätte ich mir nicht
vorstellen können, daß ich überhaupt einem Manne ver-
fallen könnte.   10
Pause.
LUCY Ich verstehe Sie, Fräulein Peachum.
POLLY Frau Macheath.
LUCY Frau Macheath.
POLLY Ich habe übrigens in den letzten Stunden sehr viel über   15
diesen Menschen nachgedacht. Es ist nicht so einfach. Denn
sehen Sie, mein Fräulein, um sein Benehmen, das er neulich
Ihnen gegenüber an den Tag legte, muß ich Sie geradezu be-
neiden. Als ich ihn verlassen mußte, allerdings durch meine
Mama gezwungen, zeigte er nicht die geringste Spur von   20
Bedauern. Vielleicht hat er gar kein Herz und anstatt dessen
einen Stein in der Brust. Was meinen Sie, Lucy?
LUCY Ja, liebes Fräulein – ich weiß allerdings nicht, ob die
Schuld allein Herrn Macheath zuzumessen ist. Sie hätten in
Ihren Kreisen bleiben sollen, liebes Fräulein.   25
POLLY Frau Macheath.
LUCY Frau Macheath.
POLLY Das ist ganz richtig – oder ich hätte wenigstens alles,
wie mein Papa es immer schon wollte, auf eine geschäftliche
Basis lenken sollen.   30
LUCY Sicher.
POLLY *weint:* Er ist doch mein einziges Eigentum.
LUCY Meine Liebe, das ist ein Unglück, das der klügsten Frau
passieren kann. Aber Sie sind doch formell seine Frau, das
kann Sie doch beruhigen. Ich kann es nicht mehr mit   35

9. *daß ich . . . verfallen könnte: jemandem verfallen, ie, a*   to come into the power of a
person; that I could fall into the power of a man at all   17. *das er . . . an den Tag legte:*
an den Tag legen   to reveal; which he revealed in respect to you the other day   29. *auf*
eine geschäftliche Basis lenken   to steer towards a business-like basis

ansehen, Kind, wie deprimiert Sie sind. Wollen Sie eine Kleinigkeit zu sich nehmen?

POLLY Was?

LUCY Etwas essen!

5 POLLY O ja, bitte, eine Kleinigkeit essen. *Lucy geht ab. Polly für sich:* Ein großes Aas!

LUCY *kommt zurück mit Kaffee und Kuchen:* So, das wird genügen.

POLLY Sie machen sich zu viel Mühe, gnädige Frau. *Pause.*
10 *Essen.* Ein schönes Bild haben Sie da von ihm. Wann hat er denn das gebracht?

LUCY Wieso gebracht?

POLLY *harmlos:* Ich meine, wann er es Ihnen da heraufgebracht hat.

15 LUCY Das hat er nie gebracht.

POLLY Hat er es Ihnen gleich direkt hier im Zimmer gegeben?

LUCY Hier war er nicht im Zimmer.

POLLY Ach so. Aber da wäre doch gar nichts dabei gewesen, nicht? Die Pfade des Schicksals sind schon furchtbar ver-
20 schlungen.

LUCY Aber reden Sie doch nicht solchen Blödsinn andauernd. Sie wollen doch nur hier herumspionieren.

POLLY Nicht wahr, Sie wissen, wo er ist?

LUCY Ich? Wissen Sie es denn nicht?

25 POLLY Jetzt sagen Sie sofort, wo er ist.

LUCY Ich habe keine Ahnung.

POLLY Ah, Sie wissen also nicht, wo er ist. Ehrenwort?

LUCY Nein, ich weiß es nicht. Ja, wissen denn Sie's auch nicht?

POLLY Nein, das ist ungeheuer. *Polly lacht und Lucy weint.*
30 Jetzt hat er zwei Verpflichtungen, und er ist weg.

LUCY Ich ertrage das nicht länger. Ach, Polly, es ist so schrecklich.

POLLY *fröhlich:* Ich freue mich ja so, daß ich zum Ende dieser Tragödie eine solche Freundin gefunden habe. Immerhin.
35 Willst du noch was essen, noch etwas Kuchen?

---

6. *Ein großes Aas (vulg.)* A big scoundrel   9. *gnädige Frau* Madam   18. *da wäre doch gar nichts dabei gewesen* it would have been perfectly all right   27. *Ehrenwort* word of honor   30. *zwei Verpflichtungen* two responsibilities

LUCY Noch etwas! Ach, Polly, sei nicht so nett zu mir. Wirklich, ich verdiene es nicht. Ach, Polly, die Männer sind es nicht wert.

POLLY Natürlich sind es die Männer nicht wert, aber was soll man machen? 5

LUCY Nein! Jetzt mache ich reinen Tisch. Polly, wirst du's mir sehr übelnehmen?

POLLY Was?

LUCY Er ist nicht echt.

POLLY Wer? 10

LUCY Das da! *Sie deutet auf ihren Bauch.* Und alles wegen dieses Verbrechers.

POLLY *lacht:* Ach, das ist ja großartig! Ein Muff war das? Oh, du bist doch ein großes Aas! Du – willst du den Mackie? Ich schenk ihn dir. Nimm ihn dir, wenn du ihn findest! *Man* 15 *hört Stimmen und Tritte im Flur.* Was ist das?

LUCY *am Fenster:* Mackie! Sie haben ihn wieder gefangen.

POLLY *sinkt zusammen:* Jetzt ist alles aus.

Auftritt Frau Peachum.

FRAU PEACHUM Ach, Polly, hier find ich dich. Zieh dich um, 20 dein Mann wird gehängt. Das Witwenkleid hab ich mitgebracht. *Polly zieht sich aus und zieht das Witwenkleid an.* Du wirst bildschön aussehen als Witwe. Nun sei aber auch ein bißchen fröhlich.

---

6. *Jetzt mache ich reinen Tisch* *lit.* Now I'll make a clean table = Now I'll put my cards on the table; *wirst du's mir sehr übelnehmen: jemandem etwas übel-nehmen, a, o* to take something amiss; will you be angry with me?

9

Todeszelle

5   *Die Westminsterglocken läuten. Konstabler bringen Macheath gefesselt in den Kerker.*

SMITH Hier herein mit ihm. Die Westminsterglocken läuten schon das erste Mal. Stellen Sie sich anständig hin, ich will nicht wissen, wovon Sie so einen kaputten Eindruck machen.
10   Ich denke, Sie schämen sich. *Zu den Konstablern:* Wenn die Glocken von Westminster zum dritten Mal läuten, und das wird um sechs Uhr sein, müssen wir ihn gehängt haben. Bereitet alles vor.

EIN KONSTABLER Sämtliche Straßen von Newgate sind schon
15   seit einer Viertelstunde so voll von allen Schichten der Bevölkerung, daß man überhaupt nicht mehr durchkommen kann.

SMITH Merkwürdig, wußten sie es denn schon?

KONSTABLER Wenn es so weitergeht, weiß es in einer Viertel-
20   stunde ganz London. Dann werden die Leute, die sonst zum Krönungszug gingen, alle hierherkommen. Und die Königin wird durch die leeren Straßen fahren müssen.

SMITH Darum müssen wir eben Dampf dahintersetzen. Wenn wir um sechs Uhr fertig sind, können die Leute noch bis
25   sieben Uhr zurechtkommen zum Krönungszug. Marsch jetzt.

MAC Hallo, Smith, wieviel Uhr ist es?

SMITH Haben Sie keine Augen? Fünf Uhr vier.

MAC Fünf Uhr vier.

---

7. *Hier herein mit ihm* In here with him   9. *kaputten Eindruck: kaputt* broken, dilapidated; dilapidated impression   23. *Dampf dahinter setzen lit.* to put steam behind it = to speed it up   25. *zurechtkommen: zurecht-kommen, a, o* to come in time, manage

Als Smith eben die Zellentür von außen zuschließt, kommt
Brown.

BROWN *Smith fragend, den Rücken zur Zelle:* Ist er drin?

SMITH Wollen Sie ihn sehen?

BROWN Nein, nein, nein, um Gottes willen, machen Sie nur   5
alles allein. *Ab.*

MAC *plötzlich in unaufhaltsam leisem Redestrom:* Also, Smith,
ich will gar nichts sagen, nichts von Bestechung, fürchten Sie
nichts. Ich weiß alles. Wenn Sie sich bestechen ließen, müßten Sie zumindest außer Landes. Ja, das müßten Sie. Dazu   10
müßten Sie so viel haben, daß Sie zeit Ihres Lebens ausgesorgt hätten. Tausend Pfund, was? Sagen Sie nichts! In
zwanzig Minuten werde ich Ihnen sagen, ob Sie diese tausend Pfund heute mittag noch haben können. Ich rede nicht
von Gefühlen. Gehen Sie raus und denken Sie scharf nach.   15
Das Leben ist kurz und das Geld ist knapp. Und ich weiß
überhaupt noch nicht, ob ich welches auftreibe. Aber lassen
Sie herein zu mir, wer herein will.

SMITH *langsam:* Das ist ja Unsinn, Herr Macheath. *Ab.*

MAC *singt, leise und im schnellsten Tempo den »Ruf aus der*   20
Gruft«:
Nun hört die Stimme, die um Mitleid ruft.
Macheath liegt hier nicht unterm Hagedorn
Nicht unter Buchen, nein, in einer Gruft!
Hierher verschlug ihn des Geschickes Zorn.   25
Gott geb, daß ihr sein letztes Wort noch hört!
Die dicksten Mauern schließen ihn jetzt ein!
Fragt ihr denn gar nicht, Freunde, wo er sei?
Ist er gestorben, kocht euch Eierwein.
Solang er aber lebt, steht ihm doch bei!   30
Wollt ihr, daß seine Marter ewig währt? [11]

Matthias und Jakob erscheinen im Gang. Sie wollen zu
Macheath und werden von Smith angesprochen.

10. *außer Landes* abroad, out of the country 11. *daß Sie zeit . . . hätten: zeit Ihres*
Lebens for the rest of your life; *ausgesorgt* beyond worrying; that you don't have to
worry anymore for the rest of your life 17. *ob ich welches auftreibe: Geld auf-treiben,*
ie, ie to lay hands on money; whether I'll be able to lay hands on some 25. *Hierher*
verschlug . . . Zorn: verschlagen, u, a to drive (out of course [as of a ship]); The wrath
of fate drove him here 29. *Ist er gestorben, kocht euch Eierwein* Once he's dead,
brew yourselves eggnog 30. *steht ihm doch bei: jemandem bei-stehen, a, a* to stand
by a person, assist; stand by him

SMITH Nanu, Junge, du siehst ja aus wie ein ausgenommener Hering.

MATTHIAS Seit der Captn weg ist, muß ich unsere Damen schwängern, damit sie den Unzurechnungsfähigkeitsparagraphen bekommen! Man muß schon eine Roßnatur haben, um in diesem Geschäft durchzuhalten. Ich muß den Captn sprechen.

Beide gehen auf Mac zu.

MAC Fünf Uhr fünfundzwanzig. Ihr habt euch Zeit gelassen.

JAKOB Na, schließlich mußten wir ...[12]

MAC Schließlich, schließlich, ich werde aufgehängt, Mensch! Aber ich habe ja gar keine Zeit, mich mit euch herumzugiften. Fünf Uhr achtundzwanzig. Also: wieviel könnt ihr sofort aus eurem Privatdepot ziehen?

MATTHIAS Aus unserem, früh um fünf?

JAKOB Ist es wirklich soweit?

MAC Vierhundert Pfund, ginge das?

JAKOB Ja, und wir? Das ist doch alles, was da ist.

MAC Werdet ihr gehängt oder ich?

MATTHIAS *erregt:* Liegen wir bei Suky Tawdry, anstatt uns dünnezumachen? Liegen wir bei Suky Tawdry oder du?

MAC Halt die Schnauze. Ich liege bald woanders als bei dieser Schlampe. Fünf Uhr dreißig.

JAKOB Na, da müssen wir es eben machen, Matthias.

SMITH Herr Brown läßt fragen, was Sie als - - mahlzeit haben wollen.

MAC Lassen Sie mich in Ruhe. *Zu Matthias:* Na, willst du oder willst du nicht? *Zu Smith:* Spargel.

MATTHIAS Anbrüllen lasse ich mich überhaupt nicht.

MAC Aber ich brülle dich doch gar nicht an. Das ist doch nur, weil ... Also, Matthias, wirst du mich hängen lassen?

MATTHIAS Natürlich werde ich dich nicht hängen lassen. Wer sagt denn das? Aber es ist eben alles. Vierhundert Pfund ist eben alles, was da ist. Das wird man doch noch sagen dürfen.

MAC Fünf Uhr achtunddreißig.

---

1. *Nanu* Well, well; *ein ausgenommener Hering* a gutted herring 4. *der Unzurechnungsfähigkeitsparagraph, -en* the paragraph in law dealing with whether the accused is competent to stand trial 5. *eine Roßnatur: das Roß, -(ss)er* horse; *die Natur* constitution, nature; the constitution of a horse 12. *mich mit euch herumzugiften* to have acrimonious arguments with you 17. *ginge das?* would that be possible? 20. *anstatt uns dünne zu machen (sl.): sich dünn machen* to make oneself scarce; instead of making ourselves scarce 25. *Herr Brown läßt fragen* Mr. Brown wants to inquire 25. *-mahlzeit = Henkersmahlzeit* last meal (before execution) 29. *Anbrüllen ... nicht: an-brüllen* to shout at; I won't be shouted at

JAKOB Na, dann aber Tempo, Matthias, sonst nützt es überhaupt nichts mehr.

MATTHIAS Wenn wir nur durchkommen, da ist ja alles voll. Dieses Gesindel. *Beide ab.*

MAC Wenn ihr fünf Minuten vor sechs nicht da seid, dann seht ihr mich nicht mehr. *Schreit:* Dann seht ihr mich nicht mehr...

SMITH Sind ja schon weg. Na, wie steht's? *Macht Gebärde des Geldzählens.*

MAC Vierhundert. *Smith geht achselzuckend ab. Mac, nachrufend:* Ich muß Brown sprechen.

SMITH *kommt mit Konstablern:* Die Seife habt ihr?

KONSTABLER Aber nicht die richtige.

SMITH Ihr werdet doch in zehn Minuten das Ding aufstellen können.

KONSTABLER Aber die Fußklappe funktioniert doch nicht.

SMITH Es muß gehen, es hat doch schon zum zweiten Mal geläutet.

KONSTABLER Das ist ein Saustall.

MAC *singt:*
Jetzt kommt und seht, wie es ihm dreckig geht!
Jetzt ist er wirklich, was man pleite nennt.
Die ihr als oberste Autorität
Nur eure schmierigen Gelder anerkennt
Seht, daß er euch nicht in die Grube fährt!
Ihr müßtet gleich zur Königin und in Haufen
Und müßtet über ihn mit ihr jetzt sprechen
Wie Schweine eines hinterm andern laufen:
Ach, seine Zähne sind schon lang wie Rechen!
Wollt ihr, daß seine Marter ewig währt?

SMITH Ich kann Sie doch nicht hereinlassen. Sie haben erst Nummer Sechzehn. Sie sind ja noch gar nicht dran.

POLLY Ach, was heißt das, Nummer Sechzehn. Sind Sie doch kein Bürokrat. Ich bin die Frau, ich muß ihn sprechen.

---

1. *dann aber Tempo* so, let's hurry   18. *Das ist ein Saustall:* That's a pigsty = that's a mess   20. *seht, wie . . . geht* see the mess he's in   21. *was man pleite nennt: pleite* broke; what one calls broke   22. *Die ihr . . . Gelder anerkannt* You who recognize only your filthy money as the supreme authority   25. *müßtet = müßtet gehen; in Haufen* in great numbers

SMITH Aber höchstens fünf Minuten.
POLLY Was heißt das, fünf Minuten! Das ist ja ganz unsinnig.
Fünf Minuten! Das kann man doch nicht so sagen. Das ist
doch nicht so einfach. Das ist doch ein Abschied für ewig. Da
5   gibt es doch eminent viel zu sprechen zwischen Mann und
Frau . . . Wo ist er denn?
SMITH Na, sehen Sie ihn denn nicht?
POLLY Ja natürlich. Ich danke schön.
MAC Polly!
10   POLLY Ja, Mackie, ich bin da.
MAC Ja natürlich!
POLLY Wie geht es dir denn? Bist du sehr kaputt? Es ist schwer!
MAC Ja, was wirst du denn jetzt überhaupt machen? Was wird
denn aus dir?
15   POLLY Weißt du, unser Geschäft geht sehr gut. Das wäre das
wenigste. Mackie, bist du sehr nervös? . . . Was war denn
eigentlich dein Vater? Du hast mir soviel noch gar nicht er-
zählt. Ich verstehe das gar nicht. Du warst doch immer ganz
gesund eigentlich.
20   MAC Du, Polly, kannst du mir nicht heraushelfen?
POLLY Ja natürlich.
MAC Mit Geld natürlich. Ich habe da mit dem Aufseher . . .
POLLY *langsam:* Das Geld ist nach Manchester abgegangen.
MAC Und da hast du keins?
25   POLLY Nein, da habe ich nichts. Aber weißt du, Mackie, ich
könnte zum Beispiel mit jemand reden . . . ich könnte sogar
die Königin persönlich vielleicht fragen. *Sie bricht zusammen.* Oh, Mackie!
SMITH *Polly wegziehend:* Na, haben Sie jetzt Ihre tausend
30   Pfund zusammen?
POLLY Alles Gute, Mackie, laß es dir gut gehen und vergiß
mich nicht! *Ab.*
Smith und Konstabler bringen einen Tisch mit Spargel.
SMITH Sind die Spargel weich?
35   KONSTABLER Jawohl. *Ab.*

5. *eminent (Engl.)* eminently

BROWN *erscheint und tritt zu Smith:* Smith, was will er von
mir? Das ist gut, daß Sie mit dem Tisch auf mich gewartet
haben. Wir wollen ihn gleich mit hineinnehmen, wenn wir
zu ihm gehen, damit er sieht, was für eine Gesinnung wir
gegen ihn haben. *Sie treten beide mit dem Tisch in die Zelle.* 5
Smith ab. Pause. Hallo, Mac. Da sind die Spargel. Willst du
nicht ein wenig zu dir nehmen?

MAC Bemühen Sie sich nicht, Herr Brown, es gibt andere Leute,
die mir die letzten Ehren erweisen.[13]

BROWN Ach, Mackie! 10

MAC Ich bitte um die Abrechnung! Sie erlauben, daß ich währenddessen esse. Es ist schließlich mein letztes Essen. *Ißt.*

BROWN Mahlzeit. Ach, Mac, du triffst mich wie mit einem
glühenden Eisen.

MAC Die Abrechnung, Herr, bitte, die Abrechnung. Keine 15
Sentimentalitäten.

BROWN *zieht seufzend ein kleines Büchlein aus der Tasche:* Ich
habe sie mitgebracht, Mac. Hier ist die Abrechnung vom
letzten Halbjahr.

MAC *schneidend:* Ach, Sie sind nur gekommen, um Ihr Geld 20
hier noch herauszuholen.

BROWN Aber du weißt doch, daß das nicht so ist . . .

MAC Bitte, Sie sollen nicht zu kurz kommen. Was schulde ich
Ihnen? Aber bitte, legen Sie spezifizierte Rechnung ab. Das
Leben hat mich mißtrauisch gemacht . . . Gerade Sie werden 25
das am besten verstehen können.

BROWN Mac, wenn du so sprichst, kann ich gar nichts denken.
Man hört hinten schweres Klopfen.

SMITH *(Stimme):* So, das hält.

MAC Die Abrechnung, Brown.

BROWN Also bitte − wenn du durchaus willst, da sind also 30
erstens die Summen für die Ergreifung von Mördern, die du
oder deine Leute ermöglicht haben. Du hast von der Regierung ausbezahlt bekommen im ganzen . . .

MAC Für drei Fälle à vierzig Pfund, macht hundertzwanzig 35

---

9. *die mir . . . erweisen* who will do me the last honors   23. *Sie sollen . . . kurz-
kommen: kurz-kommen, a, o* to be shortchanged; you shall not be shortchanged
24. *legen . . . Rechnung ab* make an itemized accounting   35. *à (Fr.)* at

Pfund. Ein Viertel für Sie würde also dreißig Pfund betragen, welche wir Ihnen also schulden.

BROWN Ja – ja – aber ich weiß wirklich nicht, Mac, ob wir die letzten Minuten . . .

5   MAC Bitte, lassen Sie doch dieses Gewäsch, ja? Dreißig Pfund. Und für den in Dover acht Pfund.

BROWN Wieso nur acht Pfund, da war doch . . .

MAC Glauben Sie mir oder glauben Sie mir nicht? Sie bekommen also aus den Abschlüssen des letzten halben Jahres acht-

10   unddreißig Pfund.

BROWN *laut aufweinend:* Ein ganzes Leben . . . habe ich dir . . .

BEIDE Alles von den Augen abgelesen.

MAC Drei Jahre in Indien – John war darunter und Jim war dabei –, fünf Jahre in London, und das ist der Dank. *Indem*

15   *er andeutet, wie er als Gehängter aussehen wird:*

Hier hängt Macheath, der keine Laus gekränkt.
Ein falscher Freund hat ihn am Bein gekriegt.
An einen klafterlangen Strick gehängt
Spürt er am Hals, wie schwer sein Hintern wiegt.

20   BROWN Mac, wenn du mir so kommst . . . wer meine Ehre angreift, greift mich an. *Läuft wütend aus dem Käfig.*

MAC Deine Ehre . . .

BROWN Ja, meine Ehre. Smith, anfangen! Leute hereinlassen! *Zu Mac:* Entschuldige mich, bitte.

25   SMITH *rasch zu Macheath:* Jetzt kann ich Sie noch wegbringen, aber in einer Minute nicht mehr. Haben Sie das Geld zusammen?

MAC Ja, wenn die Jungens zurück sind.

SMITH Die sind nicht zu sehen. Also: erledigt.

30   *Leute werden hereingelassen. Peachum, Frau Peachum, Polly, Lucy, die Huren, der Pfarrer, Matthias und Jakob.*

JENNY Man hat uns nicht hereinlassen wollen. Aber ich habe ihnen gesagt: wenn ihr eure Dreckkübel von Köpfen nicht

---

5. *lassen Sie . . . Gewäsch: das Gewäsch (coll.)* twaddle; stop this twaddle   6. *den in Dover* the job in Dover   12. *Alles . . . abgelesen* I read everything in your eyes = I read your mind   20. *wenn du mir so kommst lit.* if you come to me like that = if that's your attitude (to me)   29. *Also: erledigt* So, it's finished   33. *Dreckkübel von Köpfen: der Dreckkübel, -* slop pail; slop pails you call heads

wegtut, dann werdet ihr die Spelunken-Jenny schon kennen-
lernen.

PEACHUM Ich bin sein Schwiegervater. Bitte um Verzeihung,
welcher von den Anwesenden ist Herr Macheath?

MAC *stellt sich vor:* Macheath.

PEACHUM *vorbei am Käfig, stellt sich wie alle Nachfolgenden
rechts auf:* Das Geschick, Herr Macheath, hat es gefügt, daß
Sie, ohne daß ich Sie kenne, mein Schwiegersohn sind. Der
Umstand, der mich Sie zum ersten Mal sehen läßt, ist ein
sehr trauriger. Herr Macheath, Sie hatten einst weiße Glacé-
handschuhe, einen Stock mit einem Elfenbeingriff und eine
Narbe am Hals und verkehrten im Tintenfisch-Hotel.
Übriggeblieben ist Ihre Narbe, welche wohl den geringsten
Wert unter Ihren Kennzeichen besaß, und Sie verkehren nur
mehr in Käfigen und absehbar bald nirgends mehr . . .
Polly geht weinend am Käfig vorbei, stellt sich rechts auf.

MAC Was für ein hübsches Kleid du anhast.
*Matthias und Jakob kommen am Käfig vorbei, stellen sich
rechts auf.*

MATTHIAS Wir konnten nicht durchkommen, wegen des großen
Andrangs. Wir sind so gelaufen, daß ich für Jakob einen
Schlaganfall befürchten mußte. Wenn du uns nicht
glaubst . . .

MAC Was sagen meine Leute? Haben sie gute Plätze?

MATTHIAS Sehen Sie, Captn, wir dachten, Sie verstehen uns.
Sehen Sie, eine Krönung, das ist ja auch nicht alle Tage. Die
Leute müssen verdienen, wenn sie können. Sie lassen grüßen.

JAKOB Herzlichst!

FRAU PEACHUM *tritt an den Käfig heran, stellt sich rechts auf:*
Herr Macheath, wer hätte das gedacht, als wir damals vor
einer Woche im Tintenfisch-Hotel einen kleinen Step
tanzten.

MAC Ja, einen kleinen Step.

FRAU PEACHUM Aber die Geschicke hienieden sind grausam.

BROWN *hinten zum Pfarrer:* Und mit diesem Menschen habe

---

5. *stellt sich . . . rechts auf: sich auf-stellen* to place oneself; *der Nachfolgende,* -n
the following (man); like all who follow, places himself to the right 7. *Das Geschick
. . . hat es gefügt* Fate has ordained

ich in Aserbaidshan Schulter an Schulter im heftigsten Feuerkampf gestanden.

JENNY *kommt an den Käfig:* Wir in Drury Lane sind ganz
außer uns. Kein Mensch ist zur Krönung gegangen. Alle
5 wollen dich sehen. *Stellt sich rechts auf.*

MAC Mich sehen.

SMITH Na, also los. Sechs Uhr. *Läßt ihn aus dem Käfig.*

MAC Wir wollen die Leute nicht warten lassen. Meine Damen
und Herren. Sie sehen den untergehenden Vertreter eines
10 untergehenden Standes. Wir kleinen bürgerlichen Handwerker, die wir mit dem biederen Brecheisen an den Nickel-
kassen der kleinen Ladenbesitzer arbeiten, werden von den
Großunternehmern verschlungen, hinter denen die Banken
stehen. Was ist ein Dietrich gegen eine Aktie? Was ist ein
15 Einbruch in eine Bank gegen die Gründung einer Bank? Was
ist die Ermordung eines Mannes gegen die Anstellung eines
Mannes? Mitbürger, hiermit verabschiede ich mich von euch.
Ich danke Ihnen, daß Sie gekommen sind. Einige von Ihnen
sind mir sehr nahegestanden. Daß Jenny mich angegeben
20 haben soll, erstaunt mich sehr. Es ist ein deutlicher Beweis
dafür, daß die Welt sich gleichbleibt. Das Zusammentreffen
einiger unglücklicher Umstände hat mich zu Fall gebracht.
Gut – ich falle.

Songbeleuchtung: goldenes Licht. Die Orgel wird illumi-
25 *niert. An einer Stange kommen von oben drei Lampen her-*
unter, und auf den Tafeln steht:

BALLADE, IN DER MACHEATH JEDERMANN ABBITTE LEISTET

Ihr Menschenbrüder, die ihr nach uns lebt
Laßt euer Herz nicht gegen uns verhärten
30 Und lacht nicht, wenn man uns zum Galgen hebt
Ein dummes Lachen hinter euren Bärten.

1. *Aserbaidshan* = Azerbaijan, now belonging partly to the USSR, partly to Iran
11. *die wir . . . arbeiten* we who work with honest crowbars on the nickel cash-boxes
of the little store owners 14. *Was ist ein Dietrich gegen eine Aktie?* What is a pick-
lock compared to a stock certificate? 22. *hat mich zu Fall gebracht: zu Fall bringen,*
a, a to topple; has toppled me 27. *Abbitte leistet: Abbitte leisten* to ask forgiveness

Und flucht auch nicht, und sind wir auch gefallen
Seid nicht auf uns erbost wie das Gericht:
Gesetzten Sinnes sind wir alle nicht –
Ihr Menschen, lasset allen Leichtsinn fallen
Ihr Menschen, laßt euch uns zur Lehre sein   5
Und bittet Gott, er möge mir verzeihn.

Der Regen wäscht uns ab und wäscht uns rein
Und wäscht das Fleisch, das wir zu gut genährt
Und die zuviel gesehn und mehr begehrt:
Die Augen hacken uns die Raben ein.   10
Wir haben wahrlich uns zu hoch verstiegen
Jetzt hängen wir hier wie aus Übermut
Zerpickt von einer gierigen Vögelbrut
Wie Pferdeäpfel, die am Wege liegen.
Ach Brüder, laßt euch uns zur Warnung sein   15
Und bittet Gott, er möge uns verzeihn.

Die Mädchen, die die Brüste zeigen
Um leichter Männer zu erwischen
Die Burschen, die nach ihnen äugen
Um ihren Sündenlohn zu fischen   20
Die Lumpen, Huren, Hurentreiber
Die Tagediebe, Vogelfrein
Die Mordgesellen, Abtrittsweiber
Ich bitte sie, mir zu verzeihn.

Nicht so die Polizistenhunde   25
Die jeden Abend, jeden Morgen
Nur Rinde gaben meinem Munde
Auch sonst verursacht Müh'n und Sorgen
Ich könnte sie ja jetzt verfluchen
Doch will ich heute nicht so sein: 30
Um weitere Händel nicht zu suchen
Bitt ich auch sie, mir zu verzeihn.

3. *Gesetzten Sinnes (Gen.)* of a sober mind   5. *laßt euch uns zur Lehre sein: die*
Lehre, -n lesson; let us be a lesson to you   12. *wie aus Übermut: der Übermut* high
spirits, daredeviltry; as if out of daredeviltry   31. *Um weitere Händel nicht zu*
suchen So as not to look for further quarrels

Man schlage ihnen ihre Fressen
Mit schweren Eisenhämmern ein.
Im übrigen will ich vergessen
Und bitte sie, mir zu verzeihn.

5   SMITH Bitte, Herr Macheath.
FRAU PEACHUM Polly und Lucy, steht eurem Manne bei in
seiner letzten Stunde.
MAC Meine Damen, was auch immer zwischen uns . . .
SMITH *führt ihn ab:* Vorwärts!

10   *Gang zum Galgen*

*Alle ab durch Türe links. Diese Türen sind in den Projektions-
flächen. Dann kommen auf der anderen Seite von der Bühne
alle mit Windlichtern wieder herein. Wenn Macheath oben auf
dem Galgen steht, spricht*

PEACHUM
15   Verehrtes Publikum, wir sind soweit
Und Herr Macheath wird aufgehängt
Denn in der ganzen Christenheit
Da wird dem Menschen nichts geschenkt.

Damit ihr aber nun nicht denkt
20   Das wird von uns auch mitgemacht
Wird Herr Macheath nicht aufgehängt
Sondern wir haben uns einen anderen Schluß ausgedacht.

Damit ihr wenigstens in der Oper seht
Wie einmal Gnade vor Recht ergeht.

---

1. *Man schlage ihnen* . . . *ein* Let their jaws be smashed with heavy iron hammers
20. *Das wird von uns auch mitgemacht: mit-machen* to participate; We are participating in this too   24. *Wie einmal Gnade vor Recht ergeht: die Gnade* mercy; *das
Recht* justice; How once justice is tempered with mercy

Und darum wird, weil wir's gut mit euch meinen
Jetzt der reitende Bote des Königs erscheinen.

Auf den Tafeln steht:

Drittes Dreigroschen-Finale

AUFTAUCHEN DES REITENDEN BOTEN   *5*

CHOR
Horch, wer kommt!
Des Königs reitender Bote kommt!

Hoch zu Roß erscheint Brown als reitender Bote.
BROWN Anläßlich ihrer Krönung befiehlt die Königin, daß der
Captain Macheath sofort freigelassen wird. *Alle jubeln.*   *10*
Gleichzeitig wird er hiermit in den erblichen Adelsstand er-
hoben – *Jubel* – und ihm das Schloß Marmarel sowie eine
Rente von zehntausend Pfund bis zu seinem Lebensende
überreicht. Den anwesenden Brautpaaren läßt die Königin
ihre königlichen Glückwünsche übersenden.   *15*
MAC Gerettet, gerettet! Ja, ich fühle es, wo die Not am größ-
ten, ist die Hilfe am nächsten.
POLLY Gerettet, mein lieber Mackie ist gerettet. Ich bin sehr
glücklich.
FRAU PEACHUM So wendet alles sich am End zum Glück. So   *20*
leicht und friedlich wäre unser Leben, wenn die reitenden
Boten des Königs immer kämen.
PEACHUM Darum bleibt alle stehen, wo ihr steht, und singt
den Choral der Ärmsten der Armen, deren schwieriges
Leben ihr heute dargestellt habt, denn in Wirklichkeit ist   *25*

5. *Auftauchen* Appearance 8. *Hoch zu Roß* High on horseback

gerade ihr Ende schlimm. Die reitenden Boten des Königs kommen sehr selten, wenn die Getretenen widergetreten haben. Darum sollte man das Unrecht nicht zu sehr verfolgen.

5   ALLE *singen zur Orgel, nach vorn gehend:*

Verfolgt das Unrecht nicht zu sehr, in Bälde
Erfriert es schon von selbst, denn es ist kalt.
Bedenkt das Dunkel und die große Kälte
In diesem Tale, das von Jammer schallt.

2. *wenn die Getretenen . . . haben*   when those who are kicked have kicked back
6. *in Bälde*   soon

Vocabulary

The following words have been omitted: articles, numerals, pronouns, most conjunctions and prepositions, proper nouns which are explained in the notes. Weak masculine nouns are indicated as follows: der Mensch, -en, -en. Nouns which take adjective endings are listed as follows: der Elendest-. Any vowel change in the second and third person singular of the present tense of strong verbs is presented in parentheses as follows: geben, (i), a, e.

A

das **Aas, -e** carcass; (*vulg.*) scoundrel, stinker

ab exit

ab-bekommen, a, o to get a share; (*coll.*) to get hurt

die **Abbitte, -n** forgiveness; **Abbitte leisten** to ask forgiveness

der **Abend, -e** evening

der **Abendanzug, ⁼e** evening suit

abends evenings

der **Abenteurer** adventurer

abermals once again

ab-geben, (i), a, e to hand over, share

ab-führen to lead away

abgegriffen worn out

ab-gehen, i, a to exit, depart; to go off

abgesehen von without regard to, apart from

ab-greifen, i, i to wear out by constant handling

ab-hacken to chop off

ab-halten, (ä), ie, a to deter, restrain

ab-hauen (*coll.*) to clear out, scram

ab-holen to fetch, call for

ab-irren to lose one's way, err

ab-kochen to boil down

ab-laufen, (äu), ie, au to run down (of clocks); **sich** (*Dat.*) **die Beine ablaufen** to wear out one's legs

ab-legen to take off

ab-lesen, (ie), a, e to read off

ab-leuchten to examine with a light

ab-liefern to deliver

der **Abmarsch, ⁼e** departure (as of troops)

ab-nützen to wear out by use, use up

die **Abrechnung, -en** accounting, settlement of accounts

ab-reisen to depart (on a journey), set out

ab-sägen to saw off

der **Abschaum** dregs, scum

der **Abschied** farewell, good-bye; **Abschied nehmen, a, o** to take leave

ab-schlagen, (ä), u, a to cut off; **jemandem etwas abschlagen** to refuse someone a thing

ab-schleppen to tow away, drag off

der **Abschluß, ⁼(ss)e** final accounting, settlement

ab-schrecken to scare away, put off

absehbar foreseeable, within sight

ab-setzen to get rid of, drop

das **Abtrittsweib, -er** female attendant of a public toilet

ab-waschen, (ä), u, a to wash up

das **Abwaschmädchen, –** washing-up girl, female dishwasher

ab-werfen, (i), a, o to throw off

ab-würgen to choke to death, throttle

die **Achsel, -n** shoulder

achselzuckend shrugging the shoulders

achten to esteem

der **Adelsstand, ⁼e** nobility, aristocracy

ägyptisch Egyptian

ahnen to suspect, anticipate

die **Aktie, -n** share in a corporation, stock certificate
albern silly
allein alone
allerschlechtest- worst possible (**aller-** intensifies following superlatives)
alles all; everyone
allesamt all of you
allgemein general(ly), vague(ly)
allmächtig all-powerful
alt old
der **Altar, -̈e** altar
das **Alter** age; old age
das **Altersbrot** (*figurative*) pension, old age support
an-bieten, o, o to offer
der **Anblick, -e** sight, view, appearance
an-blicken to look at
an-brüllen to shout at
andauernd all the time, continuously
an-deuten to hint, insinuate
der **Andrang** crowd, congestion
aneinander-ketten to chain together
an-erkennen, a, a to acknowledge, recognize
an-fahren, (ä) u, a to drive up; to strike against, collide with; **angefahren kommen** to arrive in a vehicle
an-fallen, (ä), ie, a to attack
der **Anfang, -̈e** start, beginning
an-fangen, (ä), i, a to begin, start
an-fassen to touch
an-geben, (i), a, e to denounce, inform against
das **Angebinde, -** gift, present
an-gehen, i, a to begin
angenehm pleasant, comfortable
angewiesen sein (auf) to be dependent (on)
an-greifen, i, i to attack
die **Angst, -̈e** fear, anxiety
an-haben to wear, have on; **einem etwas anhaben** to hold something against a person
an-hauchen to breathe upon; (*slang*) to scold, yell at
an-heben, o, o to begin, commence
die **Anklage, -n** accusation
die **Anklageakte, -n** list of charges, bill of indictment
an-kommen, a, o to arrive; **ankommen auf** to depend on, be determined by; **es kommt darauf an** it depends
anläßlich on the occasion of

an-legen to invest
an-nehmen, (nimmt), a, o to assume; to accept
an-pöbeln to insult, abuse, vilify
an-schauen to look at
an-schreien, ie, ie to scream at
an-sehen, (ie), a, e to look at; **mit ansehen** to witness
an-sprechen, (i), a, o to address
anspruchslos unassuming, modest, unpretentious
der **Anstand** decency
anständig decent, proper, respectable
anstatt instead of
die **Anstellung, -en** hiring
an-stiften to incite, provoke
an-stoßen, (ö), ie, o to knock against, push against, strike
die **Anteilnahme** sympathy
an-treten, (tritt), a, e to report (for work); to begin
an-trippeln to traipse in
an-tun, a, a to inflict
an-wenden to apply, use
der **Anwesend-** he who is present
an-zeigen to report (to the police)
an-ziehen, o, o to put on; **sich anziehen** to get dressed
der **Anzug, -̈e** suit
die **Arbeit, -en** work
arbeiten to work
sich **ärgern** to be annoyed
arm poor
die **Armbewegung, -en** arm gesture, motion with the arm
die **Armee, -n** army
der **Armleuchter, -** candelabra
armselig poor, miserable, wretched
der **Armstumpf, -̈e** crippled arm, stump of an arm
die **Armut** poverty
die **Art, -en** kind; manner
der **Aufbruch, -̈e** departure
aufdringlich importunate
auf-fliegen, o, o to fly up; (*coll.*) to blow up, come to naught
auf-geben, (i), a, e to give up
auf-gehen, i, a to rise (as of the sun)
auf-halten, (ä), ie, a to stop, detain; **sich aufhalten** to stay, dwell
auf-hängen to hang, string up
auf-hören to stop, cease
auf-klären to explain, clear up

auf-knüpfen to string up, hang
auf-malen to paint on
der **Aufmarschplan,** ⁼e plan for deployment, plan for marching up
die **Aufmerksamkeit, -en** attention
auf-passen to pay attention, watch
auf-regen to excite
aufrichtig sincere(ly)
auf-sagen to recite
auf-schreien, ie, ie to cry out
die **Aufschrift, -en** inscription
der **Aufschwung** upswing, rise, prosperity
das **Aufsehen** excitement, stir, sensation
der **Aufseher, -** guard
auf-stehen, a, a to stand up
auf-stellen to put up; **sich aufstellen** to station oneself, place oneself
auf-tauchen to surface, emerge, appear
auf-treiben, ie, ie to procure, get hold of
auf-treten, (tritt), a, e to enter, make an appearance
auf-wachen to wake up
auf-weinen to sob
auf-zählen to count up, enumerate
das **Auge, -n** eye
äugeln to eye, ogle
der **Augenblick, -e** moment
die **Ausbeutung, -en** exploitation
aus-bitten, a, e to request, beg for
aus-denken, a, a to think out, conceive
auseinander-bringen, a, a to separate
ausgelaufen leaky, empty
ausgenommen gutted
ausgerechnet just, of all things
ausgeschlossen out of the question
ausgesorgt finished with worrying (about a livelihood), beyond worry
ausgezeichnet excellent
aus-halten, (ä), ie, a to stand, bear, endure, tolerate
das **Auskommen** livelihood, income
aus-kratzen to scratch out
aus-machen to arrange, plot
die **Ausnahme, -n** exception
aus-nehmen, (nimmt), a, o to take out; to draw, gut (as of a herring or fowl); **ausgenommen** gutted
aus-räuchern to smoke out
aus-reichen to suffice
aus-schauen to look
aus-schlafen, (ä), ie, a to get a good night's rest
aus-schließen, o,o to shut out, exclude;

ausgeschlossen out of the question
aus-sehen, (ie), a, e to appear, look
außer out of, outside, beyond; except
außerdem besides
aus-setzen to offer (as of a reward)
die **Ausstattung, -en** outfit; dowry
das **Ausstattungsstück, -e** item of the dowry
aus-suchen to select
aus-treiben, ie, ie to drive out, exorcise
aus-üben to ply, practice
aus-zahlen to pay out
aus-ziehen, o, o to take off; **sich ausziehen** to undress
die **Autorität, -en** authority

B
baden to bath
die **Bahre, -n** stretcher, bier
Bälde, in Bälde soon
der **Balg,** ⁼e bag of hide; (*coll.*) ill-behaved child, brat
die **Bande, -n** gang
die **Bank,** ⁼e bench
die **Bank, -en** bank
das **Bankfach,** ⁼er banking (as a profession)
das **Bankhaus,** ⁼er bank (a specific banking institution)
der **Bart,** ⁼e beard
die **Basis** basis, base, foundation
der **Bauch,** ⁼e belly, stomach
das **Bauchweh** stomach ache
bauen to build
beabsichtigen to intend
beben to tremble
sich bedanken to thank
das **Bedauern** regret
bedenken, a, a to contemplate
bedeuten to mean, signify
sich befassen (mit) to occupy oneself with
befehlen, (ie), a, o to command
beflaggen to run up a flag
befolgen to obey
befreien to liberate, free
befürchten to fear
die **Befürchtung, -en** trepidation, fear, alarm
begegnen to encounter, meet
begehren to covet, desire
beginnen, a, o to begin
begleichen, i, i to settle (as of a bill)
begleiten to accompany

begraben, (ä), u, a to bury
begreifen, i, i to comprehend, understand
behalten, (ä), ie, a to keep; to remember
behandeln to treat
behängen, i, a to adorn, decorate, cover (with)
behaupten to assert, maintain
die Behörde, -n authorities, governing body
bei-bringen, a, a (*with Dat.*) to teach to
das Bein, -e leg
das Beispiel, -e example; zum Beispiel for example
bei-stehen, a, a to stand by, assist
bei-wohnen to witness, attend, participate in
bejammernswert pitiful, pitiable
bekommen, a, o to get, receive
belästigen to molest, importune
das Belieben will, pleasure, inclination; nach Belieben at will
bemalen to color, paint (on)
bemerken to notice
sich benehmen, (benimmt), a, o to behave
das Benehmen behavior, conduct
beneiden to envy
beneidenswert enviable
beobachten to observe
bequem comfortable, convenient
bereit ready, prepared
beritten mounted, on horseback
das Berufsinteresse, -n professional interest
das Berufstier, -e slave to work
beruhen (auf) based on, rest on
beruhigen to soothe, calm; sich beruhigen to calm down
die Beruhigung, -en reassurance, ease of mind
berühren to touch; to affect
sich besaufen (ä), o, o to get drunk
beschießen, o, o to shoot, shoot up, direct fire at
beschreiben, ie, ie to describe
beschwatzen to persuade, to talk someone into doing something
sich beschweren to complain
besessen mad, possessed
der Besitzend- owner, proprietor
der Besitzer, - owner, proprietor
besoffen (*vulg.*) drunk
besonder special, specific, peculiar, particular

besonders especially
besorgen to take care of; to fetch, get
besprechen, (i), a, o to discuss, talk over
bestechen, (i), a, o to bribe
bestechlich corruptible, bribable
die Bestechung, -en bribery
bestehen, a, a (auf) to insist on
bestehen, a, a, (aus) to consist of
bestellen to order; to deliver (a message), report
die Bestie, -n beast, brute
bestimmen to determine, decide
bestimmt for sure, certainly
besuchen to visit
die Beteiligung, -en participation
betrachten to consider, view
beträchtlich considerable
betragen, (ä), u, a to amount to
betreffen, (i), a, o to concern, affect, touch; was mich betrifft as for me
das Bett, -en bed
die Bettelkunst, ¨e art of begging
betteln to beg
sich betten to bed oneself
der Bettler, - beggar
die Bettlergarderobe, -n outfitting shop for beggars
das Bettlerhandwerk begging-trade
der Bettlerkönig, -e king of beggars
die Beule, -n bump, swelling
beunruhigt alarmed, uneasy
die Beute, -n prey
die Bevölkerung, -en populace
bevor-stehen, a, a to impend, be at hand
der Beweis, -e proof
beweisen, ie, ie to prove; (*with Dat.*) to make a case against
bewenden lassen, (ä), ie, a to let a thing be, acquiesce
sich bewegen to move
bewundern to admire
bezahlen to pay
die Beziehung, -en relation, connection
beziehungsweise that is to say
bezwingend compelling
die Bibel Bible
die Bibliothek, -en library
bieder staunch, upright, conventional
bieten, o, o to offer
das Bild, -er picture
bildschön pretty as a picture
die Bildung, -en education; formation
die Binse, -n (Botany) rush; (*slang*) in die

Binsen gehen, i, a to die
bis until
bißchen a little bit
bitte please
bitten, a, e to beg, ask for
bitterlich bitterly
blaß pale
blättern to turn over pages
blau blue
blechen (*coll.*) to pay
bleiben, ie, ie to remain, stay
der **Blick, -e** glance
der **Blind-** blind man
der **Blödsinn** nonsense
bloßstellen to expose
die **Blume, -n** flower
das **Blut** blood
der **Bluthund, -e** blood hound
das **Blutvergießen** bloodshed
der **Boden, -̈** floor; soil
das **Boot, -e** boat
böse angry; wicked, bad, mean
der **Bote, -n** messenger
brabbeln (*coll*) to mutter; **vor sich hin-brabbeln** to mutter to oneself
der **Brand, -̈e** fire, conflagration; **in Brand stecken** to set fire
die **Brandlegung, -en** arson
braten, (ä), ie, a to roast
brauchen to need
braun brown
die **Braut, -̈e** bride
der **Bräutigam, -(mm)e** bridegroom
das **Brautkleid, -er** wedding dress, bride's gown
das **Brautpaar, -e** bridal pair
brav upright, honest, well-behaved
die **Bravheit** propriety, uprightness, worthiness
das **Brecheisen, -** crowbar
die **Brechstange, -n** crowbar
der **Brei** pap, mash; porridge
das **Brett, -er** board, plank
bringen, a, a to bring
der **Brocken, -** crumb, morsel, piece
der **Brosame, -n** crumb
das **Brot, -e** bread
der **Brotlaib, -e** bread loaf
brotlos destitute, poor
brüchig brittle, fragile
der **Bruder, -̈** brother
brüllen to roar
die **Brust, -̈e** breast, chest

das **Buch, -̈er** book
die **Buche, -n** beech tree
die **Bude, -n** (*coll.*) small room
bügeln to iron
die **Bühne, -n** stage
der **Bummel** stroll, walk
bürgerlich bourgeois, middle-class
B.G.B = Bürgerliches Gesetzbuch
Code of Civil Laws
der **Bürokrat, -en** bureaucrat
der **Bursche, -n** fellow, lad
der **Busen, -** bosom
die **Butter** butter

C
der **Captn** = Capitain captain
das **Cembalo, -s** harpsichord
charmant charming
der **Choral, -e** hymn
die **Christenheit** Christendom

D
dabei moreover, at the same time; besides, for all that; **dabei sein** to be there, participate
daher-reden to talk idly, chat
dahinter-setzen to put behind
die **Dame, -n** lady
die **Dämmerung** dusk
der **Dampf, -̈e** steam
dankbar grateful
dar-bringen, a, a to present, offer
der **Darm, -̈e** gut, intestine
dar-stellen to represent, act out, portray
darunter among
dauern to last
die **Decke, -n** blanket, cover
decken to lay the table
dementsprechend accordingly
denken, a, a to think
deprimiert depressed
deuten (auf) to point to
deutlich clear, plain
dick thick, fat
der **Dieb, -e** thief
dienen to serve
der **Dienstag** Tuesday
der **Dietrich, -e** burglary tool, jimmy
das **Ding, -e** thing
dingfest apprehended; **dingfest machen** to apprehend (a person)
die **Dingfestmachung, -en** capture
direkt direct(ly), straight away

der **Donnerstag, -e** Thursday
doppelt double
der **Dreck** dirt, filth, trash; excrement (used vulgarly as a prefix to express disdain)
die **Dreckbude, -n** (*vulg.*) filthy room
der **Dreckhaufen, -** heap of filth, scum
dreckig dirty, filthy, messy
der **Dreckkübel, -** slop pail
der **Dreckkerl, -e** (*vulg.*) dirty scoundrel
der **Dreckladen, ⁼** (*vulg.*) any filthy or messy condition
die **Dreckschlampe, -n** (*vulg.*) filthy slut
der **Dreckspritzer, -** squirt of filth
der **Drecktag, -e** (*vulg.*) foul day
drehen to turn, twist
dreifach triple
dringend urgent
droben above
drohen to threaten
die **Drohung, -en** threat
drücken to press; sich **drücken** (*coll.*) to sneak away; to avoid doing something
dulden to tolerate
der **Dummkopf, ⁼e** blockhead, dimwit
dunkel dark
dünn thin
dünne-machen (*coll.*) to make oneself scarce
durchbohrend penetrating(ly)
durch-greifen, i, i to take drastic action
durch-halten, (ä), ie, a to bear up
durch-kommen, a, o to get through
durch-streichen, i, i to cross out; to write off
dürfen u, u to be permitted, may
dürftig paltry, shabby, poor
das **Dutzend, -e** dozen

E
eben just, just now; simply; exactly
ebenso equally so, also, similarly
echt genuine
die **Ecke, -n** corner
Effeff (*coll.*) **etwas aus dem Effeff können** to be an expert in, be good at
ehe bevor
eher rather, sooner; formerly
die **Ehe, -n** matrimony, marriage
die **Eheschließung, -en** marriage ceremony
die **Ehre, -n** honor
der **Ehrentag, -e** day of honor
das **Ehrenwort, -e** word of honor

das **Ehrenzeichen, -** medal of honor
ehrwürdig venerable, respectable
das **Ehweib, -er** spouse, wife
das **Ei, -er** egg
der **Eierwein** eggnog
die **Eifersucht** jealousy
eifersüchtig jealous
eifrig eager(ly)
eigen own, individual
eigentlich really
das **Eigentum, ⁼er** property
eilig quick(ly)
die **Eilpost** post haste, express mail
der **Eimer, -** pail, bucket
sich **etwas ein-bilden** to imagine, believe; to flatter oneself
der **Einbrecher, -** burglar
der **Einbruch, ⁼e** breaking and entering, burglary
der **Eindruck, ⁼e** impression
einfach simple, simply
ein-fallen, (ä), ie, a (*with Dat.*) to occur to one's mind
ein-hacken to gouge out
ein-halten, (ä), ie, a to stop, cease
ein-kalken to put into quicklime
ein-laden, (ä), u, a to invite
einmal once; **nicht einmal** not even
die **Einrichtung, -en** furnishings, household appointments
ein-sammeln to collect, round up
ein-schlagen, (ä), u,a to smash, stave in
ein-schließen, o, o to enclose
ein-schmieren to grease
ein-setzen to start, begin: to institute
ein-sperren to lock up
einst once
ein-stellen to suspend, stop; to take on (an employee), to engage
einstig former(ly)
ein-stürzen to collapse
einstweilen in the meantime
ein-teilen to divide, arrange
die **Eintracht** harmony
ein-tragen, (ä), u, a to do an entry (as in bookkeeping)
einträglich profitable
ein-treffen, (i), a, o to arrive
ein-treten, (tritt), a, e to enter, come in
einwärts inwards
die **Einzelheit, -en** detail
ein-ziehen, o, o to move in, enter
einzig sole, only, single

das **Eisen** iron
der **Eisenhammer, -** iron hammer
eisern iron
eitel vain; in vain
ekelhaft disgusting
das **Ekelhaft-** the disgusting (thing)
die **Ekelwirkung, -en** effectiveness in arousing disgust
elend wretched, poor
das **Elend** misery
der **Elendst-** the most wretched, poorest
der **Elfenbeingriff, -e** ivory handle
elterlich parental
das **Ende, -n** end
energisch energetic
eng tight, narrow
entblößt stripped
entgegengesetzt diametrically opposed
enthüllen to unveil
entlang along
entlassen, (ä), ie, a to let go, fire
entschuldigen to excuse, pardon
die **Entschuldigung, -en** pardon, excuse
entschwinden, a, u to vanish
entsetzen to horrify, terrify
das **Entsetzen** horror, terror
entstehen, a, a to come about, originate
entweichen, i, i to escape
erachten to consider; **würdig erachten** to dignify, consider worthy
erblich hereditary
erbost angry
die **Erbschaft, -en** legacy, inheritance
der **Erdboden** ground, earth
die **Erde** earth
sich **erdreisten** to dare, presume
erdrücken to crush
erfahren, (ä), u, a to experience; to learn
der **Erfolg, -e** success
erfrieren, o, o to freeze to death
ergehen, i, a (*with Dat.*) to go with, fare with
ergötzlich delectable, delightful
die **Ergreifung, -en** seizure, arrest
erheben, o, o to elevate, raise; **Anklage erheben** to charge (with a crime)
erinnern to remind; **sich erinnern** to remember
erkennen, a, a to recognize
erklären to explain
erkranken to get sick
erlauben to permit, allow
die **Erlaubnis, -(ss)e** permission

erledigen to take care of, accomplish
erledigt finished, done
ermöglichen to make possible
ermorden to murder
ernähren to feed, nourish
der **Ernst** seriousness; **im Ernst** seriously
ernst serious(ly)
die **Eroberung, -en** conquest
eröffnen to open
die **Erpressung, -en** blackmail
erregen to excite, stimulate, arouse
erscheinen, ie, ie to appear
erschrecken, (i), a, o to startle, frighten
erschüttern to stir, affect deeply
ersparen to save
die **Ersparniß, -(ss)e** savings
erstarren to stiffen
erstaunt astonished
erstklassig first class
ertragen, (ä), u, a to bear, suffer
erwachen to awake, wake up
erwecken to awaken, rouse
erweisen, ie, ie to render (mercy or honor to a person)
erwischen to catch, nab
der **Erzbischof, -e** archbishop
erzählen to tell, recount
etwa possibly
ewig eternal(ly)
die **Extrawurst, -e** (*figurative*) extra sausage: something very special, out of the ordinary

F
das **Fädchen, -** little thread
fade insipid, flat, dreary, dull
die **Fähigkeit, -en** ability, capability
das **Fährniß, -(ss)e** peril
der **Fall, -e** case; fall
fallen, (ä), ie, a to fall
falsch false, wrong
die **Fälschung, -en** forgery
das **Faß, -(ss)er** barrel
fassen to seize, get a hold of
faul rotten; lazy
die **Faust, -e** fist; **auf eigne Faust** on one's own
fehlen to be missing, lacking; **es fehlt jemandem etwas** something is wrong with a person
feiern to celebrate
fein fine, refined
das **Fenster, -** window

fern distant
fertig ready; fertig werden, (i), u, o mit to handle, manage
fesseln to shackle, bind
festlich festive
fest-nehmen, (nimmt), a o to arrest, apprehend
fett fat
der Fetzen, - rag, shred, scrap
feucht moist
das Feuer fire
der Feuerkampf, ⁻e artillery fire
die Filiale, -n branch office
finden, a, u to find
der Fingerzeig, -e hint
die Firma, die Firmen firm
der Fisch, -e fish
fischen to fish
der Fischzug, ⁻e haul, catch
der Fleck, -e stain
die Fliege, -n fly
fliehen, o, o to flee
flehen to implore, beseech
das Fleisch meat, flesh
florieren to flourish
die Flosse, -n fin
fluchen to curse, swear
die Flunder, -n flounder
der Flur, -e hallway, corridor
die Flut, -en tide
die Folge, -n consequence
folgen to follow
die Forelle, -n trout
der Fortschritt, -e growth, progress
fort-stoßen, (ö), ie, o to push away
fort-werfen, (i), a, o to throw away, discard
fragen to ask
die Frage, -n question
die Frau, -en woman; wife
das Frauenzimmer, - (mildly derogatory) woman; wench
frech brazen, fresh
die Frechheit, -en impudence, brazenness
der Freier, - suitor
frei-lassen, (ä), ie, a to set free
freilich to be sure, certainly
der Freitag, -e Friday
fremd strange; belonging to others
die Fresse, -n (vulg.) mouth
das Fressen feed, food, fodder (for animals)
fressen, (i), a, e to eat (as of animals);

(vulgar when used with people) to cram oneself, bolt down
der Freßkorb, ⁻e food basket
der Freßkübel, - trough, feeding bucket
sich freuen to be glad, rejoice
der Freund, -e friend
das Freundesauge, -n eye of a friend
der Freundesrücken, - back of a friend
die Freundin, -(nn)en girl friend
die Freundschaft, -en friendship
der Frieden peace
friedlich peaceful(ly)
frieren, o, o to freeze
frisch fresh
fröhlich cheerful
die Frucht, ⁻ fruit; das Früchtchen, - (coll.) faker, little rascal
früh early
fügen to arrange; to ordain
fühlen to feel
führen to lead
der Fuhrherr, -en coachman, carter
funktionieren to function, work
furchtbar awful, frightful, terrible
fürchten to fear
fürchterlich terrible, frightful
die Fürsorge solicitude, care
der Fuß, ⁻(ss)e foot
der Fußboden, ⁻ floor
die Fußklappe, -n foot trap
futtern (coll.) to eat heartily, stuff oneself

G
die Gabel, -n fork
die Galauniform, -en full-dress uniform
der Galgen, - gallows
die Galgenfrist, -en period of grace (before being hanged)
der Galgenvogel, ⁻ gallows bird; (coll.) scoundrel, rascal
die Gamasche, -n spat (a cloth or leather gaiter covering the instep and ankle)
der Gang, ⁻e procession, walk; corridor
die Gänseleberpastete gooseliver paté
ganz whole, complete, entire: quite; ganz und gar totally
die Gasse, -n narrow street, alley
der Gast, ⁻e guest
der Gatte, -n husband
die Gattin, -(nn)en wife, spouse
die Gebärde, -n gesture
geben, (i), a, e to give; zum besten geben to contribute, offer

geboren born, née
die Geburt, -en birth
der Geburtsschein, -e birth certificate
geeignet suitable, appropriate
der Gefährte, -n companion
gefallen, (ä), ie, a to please
gefälligst kindly
das Gefängnis, -(ss)e prison
gefaßt composed
das Gefühl, -e sentiment, feeling, emotion
gefühllos unfeeling, heartless
die Gegenseitigkeit, -en reciprocity
das Gegenteil, -e opposite, contrary; im
Gegenteil on the contrary
die Gegenwart presence
der Gehängt-, hanged man
gehen, i, a to go, walk; to run (as of
machinery)
gehören to belong
der Geist, -er spirit
geistig spiritual(ly); intellectual(ly)
das Gelächter laughter
das Geld, -er money
die Geldsumme, -n sum of money
das Geldzählen counting money
der Geliebt-, beloved man
geliefert done in, done for
gelingen, a, u (with Dat.) to succeed
gemein vile, mean, common
die Gemeinheit, -en vileness, wickedness,
villainy
gemildert toned down, softened, modified
das Gemüse, - vegetables, greens; (coll.)
young people, young sprouts
gen towards
genannt called, named
genau accurate(ly), exact(ly)
genial genius-like, brilliant
das Genie, -s genius
sich genieren to be embarrassed, ashamed
genügen to suffice
gerade immediately; directly; straight
geradezu actually, really
geraten, (ä), ie, a to get into, fall into
das Geräusch, -e noise
gereizt irritated
das Gericht, -e court of law; das Jüngste
Gericht Judgment Day, Last Judgment
gering little, small, slight
das Geschäft, -e business; deal
die Geschäftskarte, -n business card
der Geschäftsmann, ̈er business man
geschäftsmäßig business-like

geschändet violated, ravished
geschehen, (ie), a, e to happen
das Geschenk, -e gift, present
die Geschichte, -n story
das Geschichtsbuch, ̈er history book
das Geschick, -e fate, destiny
das Geschirr dishes
der Geschmack, ̈er taste
das Geschmeiß vermin, scum
das Geschrei screaming, shouting
sich gesellen (zu) to join
die Gesellschaft, -en society; company;
party
das Gesetz, -e law
gesetzt sober, staid
das Gesicht, -er face; zu Gesicht bekommen, a, o to catch sight of
die Gesichtsrose, -n (med.) erysipelas,
running sores on the face
das Gesindel riff-raff, rabble, mob
die Gesinnung, -en sentiment, way of
thinking
gespien thrown-up
gespreizt stilted, pompous, affected
gestatten to permit, allow
die Geste, -n gesture
gestern yesterday
gestrig of yesterday
gesund healthy
das Getös uproar
sich getrauen to dare
der Getreten-, the man who is kicked
about
das Gewäsch (coll.) idle talk, twaddle
das Gewehr, -e rifle, gun
das Gewerbe, - trade, occupation
das Gewissen, - conscience
die Gewohnheit, -en custom, habit
gewöhnlich ordinary, common
die Gier greed, inordinate desire
gierig greedy
das Gitter, - bars; fence
der Glacéhandschuh, -e kid glove
das Glas, ̈(s)er glass
glatt plain; smooth; totally
glauben to believe
gleich equal to, same; immediately
gleich-bleiben, ie, ie to remain the same
der Gleichmut equanimity
gleichsam so to speak, as it were
die Glocke, -n bell
das Glück good fortune; happiness
glücklich happy

das **Glücksproblem, -e** problem of happiness
der **Glückwunsch, ⸚e** congratulation
glühend glowing, red-hot
die **Gnade, -n** mercy; favour
gnädig kind, merciful; **gnädige Frau** Madam
golden golden
das **Grabloch, ⸚er** grave-pit, hole that is the grave
grad = **gerade** (*adj.*) straight, direct; (*adv.*) quite, just, exactly
die **Gratulationspositur, -en** formal pose suitable for offering congratulations
gratulieren to congratulate
grausam cruel
der **Greis, -e** old man
greulich frightful, dreadful
der **Griff, -e** grip, grasp; hold; chop
der **Grips** (*coll.*) brains, sense
grölen to bellow
groß big, large
großartig wonderful
die **Größe** greatness
die **Großstadt, ⸚e** big city, metropolis
der **Großunternehmer, -** large concern
die **Gruft, ⸚e** tomb
grün green
der **Grund, ⸚e** ground; **eigner Grund und Boden** one's own place
gründlich thoroughly
der **Grundtyp, -en** basic type
die **Gründung, -en** founding
das **Gummi** rubber
die **Gurke, -n** pickle
das **Gut, ⸚er** property
gütig kind

H
das **Haar, -e** hair
der **Hafen, ⸚** harbor
der **Hagedorn** hawthorn
der **Haifisch, -e** shark
der **Hakenfinger, -** crooked finger, hook-finger
der **Hals, ⸚e** throat, neck
halt (*adv. particle*) in my opinion, I think
halten, (ä), ie, a to hold, keep; **sich halten an** to heed; **halten für** to consider, think somebody to be; **halten zu** to stand up for
die **Haltung, -en** bearing
die **Hand, ⸚e** hand

der **Handel, ⸚** trade, commerce; (*pl.*) quarrel
sich handeln um to be a question of
die **Handschelle, -n** handcuff
der **Handschuh, -e** glove
der **Handwerker, -** artisan; workman
hängen, i, a to hang, suspend
harmlos harmless
die **Härte** hardness
hauen to strike, beat, knock
der **Haufen, -** heap; crowd, mob, mass
das **Haupt, ⸚er** head
das **Hauptbuch, ⸚er** main ledger
die **Hauptsache, -n** main thing
hauptsächlich principally, in the main
der **Hauseingang, ⸚e** house entrance
der **Haushalt, ⸚e** household
das **Hausmacherleinen** homespun linen; underwear made of coarse linen
die **Haut, ⸚e** skin, hide
die **Hautevolée** (*Fr.*) high society
heben, o, o to lift, raise
heftig vehement(ly), severe(ly)
das **Heim, -e** home
heimlich secret(ly)
heiraten to marry
heiß hot
heißen, ie, ie to be called; (*coll.*) to call, name; to mean
heiter merry, cheerful, glad, gay
der **Held, -en,** hero
helfen, (i), a, o to help
das **Hemd, -en** shirt
heraus-bringen, a, a to bring out; to solve, find out
heraus-fischen to fish out of
heraus-fordern to challenge
heraus-helfen, (i), a, o to help out of
heraus-holen to get out of, force out of, extract
heraus-rücken to come forth (with something)
heraus-ziehen, o, o to pull out, extract
her-bitten, a, e to invite, ask to come
herein-kommen, a, o to come in
herein-stürzen to rush in
herein-treten, (tritt), a, e to enter, step in
her-geben, (i), a, e to give up, give away, hand over
her-halten, (ä), ie, a to bear the brunt (of), suffer (for), pay (for)
der **Hering, -e** herring
der **Herr** God, the Lord

der **Herr, -n, -en** mister, gentleman; master
der **Herrgott** the Good Lord
sich **her-richten** to put oneself in order
herum-giften (*coll.*) to argue bitterly
heraus-laufen, (äu), ie, au to run around
herum sein to be over (as of time)
herum-spionieren to spy around
herum-treiben, ie, ie to drive around; **sich herum-treiben** to loiter, prowl around, drift
herunter-kommen, a, o to come down
herunter-laufen, (äu), ie, au to run down
herunter-reißen, i, i to tear down
herunter-werfen, (i), a, o to throw down
das **Herz, -en** heart
der **Herzensgrund** bottom of the heart
der **Herzenston, ⁼e** sounds that come from the heart
her-ziehen, o, o (über einen) to criticize a person sharply
herzlichst heartfelt, most sincerely
herzlos heartless
der **Herzog, ⁼e** duke
die **Herzogin, -(nn)en** duchess
heulen to cry, weep, howl
heute today
hienieden here on earth
hier here
hiermit herewith, hereby
die **Hilfe, -n** help
das **Hilfsmittel, -** aid, remedy, resource
die **Hilfsquelle, -n** source of support
hinauf-laufen, (äu), ie, au to run up
sich **hinaus-drücken** to edge stealthily out
hinausführen to lead out, conduct out
hinaus-schmeißen, i, i to throw out
hinaus-sehen, (ie), a, e to look out
hinein-bekommen, a, o to insert
hinein-bügeln to iron in
hinein-nehmen, (nimmt), a, o to take in
hin-fallen, (ä), ie, a to fall down, collapse
sich **hin-geben, (i), a, e** to give oneself to
hin-gehen, i, a to go there
hin-legen to put down, put across; **sich hin-legen** to lie down
hin-reichen to proffer
die **Hinrichtung, -en** execution
hin-schmeißen, i, i to throw down
hin-stellen to place, put; **sich hin-stellen** to stand, place oneself
hin-strecken to hold out, extend, stick out, stretch out

hinter behind
hinterhältig malicious, insidious
hinterher behind; afterwards
hinter-lassen, (ä), ie, a to leave (as of an estate)
der **Hintern, -** back-side, bottom
hinunter-fressen, (i), a, e to gulp down, gobble down
hin-welken to wither away
der **Historiker, -** historian
historisch historical
hoch high; **hoch!** hooray!
hoch-kommen, a, o to come up; to advance
höchstens at most
Hochwürden, - Reverend
die **Hochzeit, -en** wedding
das **Hochzeitsessen, -** wedding meal
das **Hochzeitsgeschenk, -e** wedding present
das **Hochzeitslied, -er** wedding song
hoffentlich it is to be hoped, let us hope
höflich polite(ly), courteous(ly)
die **Höhe, -n** height; **das ist die Höhe** that's the limit
holen to fetch, get
das **Holz, ⁼er** wood
der **Honigtopf, ⁼e** honey pot
das **Honorar, -e** fee, honorarium
hops-gehen, i, a (*coll.*) to get arrested, get picked up
hops-nehmen, (nimmt), a, o (*coll.*) to nab, arrest
hops-sein (*slang*) to be pregnant
hören to hear
die **Hörigkeit** bondage, serfdom, submissiveness
die **Hose, -n** pants, trousers
hübsch pretty, nice
das **Huhn, ⁼er** chicken
der **Hund, -e** dog
der **Hunger** hunger
der **Hungertod** death by starvation
hungrig hungry
die **Hure, -n** whore, harlot
huren to whore, ply the trade of a whore
das **Hurenhaus, ⁼er** brothel
der **Hurentreiber, -** pimp
der **Hut, ⁼e** hat
die **Hütte -n** hut, cottage

I
die **Idee, -n** idea

105

immer always
immerfort continuous(ly), always
immerhin after all, in spite of everything
die **Inbrandsteckung, -en** arson, setting of a fire
das **Interesse, -n** interest
irgendjemand anyone, anybody
irgendwo somewhere
der **Irrtum, ⁻er** error, mistake

J

die **Jacke, -n** jacket, coat
die **Jagd, -en** hunt, chase
jagen to hunt, chase
jäh suddenly, brusquely
das **Jahr, -e** year
der **Jahrmarkt, ⁻e** annual fair
der **Jammer** lamentation; distress, misery
je ever
jedenfalls in any case
jedoch however
jeglich- every
jemand somebody
jetzt now
der **Jubel** cheering, jubilation
jubeln to cheer
der **Judaslohn** blood money
die **Jugend** youth
der **Jugendfreund, -e** boyhood friend
jung young
der **Junge, -en, -ens** boy
das **Jüngste Gericht** Judgment Day, Last Judgment

K

der **Kaffee** coffee
die **Kaffeetasse, -n** coffee cup
der **Käfig, -e** cage, cell
der **Kai, -e** dock, quay, wharf
der **Kaiser, -** emperor
das **Kalb, ⁻er** calf
der **Kalk** quicklime
kalt cold, frigid
kaltblütig coldblooded(ly)
der **Kamerad, -en** comrade, friend
die **Kammer, -n** chamber
die **Kanone, -n** cannon
das **Kanonenlied, -er** cannon song
der **Kantus** song, anthem
die **Kapelle, -n** band, orchestra
das **Kapital** capital, investment, money in the bank
kaputt delapidated, broken, washed-out

kärglich paltry
die **Katastrophe, -n** catastrophe
kaufen to buy
die **Kaufleute** (*pl.*) shopkeepers, merchants
kennen, a, a to know, be acquainted with
kennen-lernen to get acquainted
das **Kennzeichen, -** distinguishing mark
der **Kerker, -** dungeon, prison
der **Kerl, -e** fellow
das **Kerzenwachs** candle wax
die **Kette, -n** chain
der **Kieselstein, -e** gravel stone
das **Kind, -er** child
das **Kindergedicht, -e** children's poem, nursery rhyme
die **Kinderhandschrift, -en** child's handwriting
das **Kinderhospital, ⁻er** children's hospital
kippen (*slang*) to drink, down
die **Kirche, -n** church
das **Kirchenportal, -e** portal of a church
der **Kirsch** cherry brandy
das **Kissen, -** pillow
der **Kitt** putty, glue; (*slang*) mess, junk
klafterlang a fathom long
sich klammern an to cling to
die **Klappe, -n** trap; (*coll.*) mouth
klatschen to applaud; to gossip
die **Klaue, -n** claw
das **Kleid, -er** dress
die **Kleiderstange, -n** clothes rack
das **Kleidungsstück, -e** piece of clothing
klein small, little
die **Kleinigkeit, -en** trifle, little something
der **Kleinigkeitskrämer, -** notion store merchant; (*coll.*) petty operator; pedant
der **Kleister** paste, glue
die **Kloake, -n** sewer
klopfen to knock
das **Klopfen** knocking, banging, pounding
die **Kluft, ⁻e** outfit, costume
klug smart, clever
knapp scarce(ly), barely
die **Kneipe, -n** tavern
der **Knüttel, -n** club, truncheon
kochen to cook, boil
die **Kollegin, -(nn)en** colleague (*f.*)
kommen, a, o to come
die **Konferenz, -en** conference
der **König, -e** king
die **Königin, -(nn)en** queen
konkurrieren to compete

können, o, o to be able, can; to know
der **Konstabler, -** constable, policeman
kontraktlich contractual
der **Kopf, ⸚e** head
die **Kost** food, fare
kosten to cost; to taste, savor
die **Kosten** costs; **auf meine Kosten** at my expense
das **Kostüm, -e** costume
der **Kragen, -** collar
der **Krakeel, -e** row, quarrel
krank sick, ill
kränken to hurt, insult
der **Kreis, -e** circle
kriechen, o, o to creep, crawl
kriegen to get, receive
die **Kriegskunst, ⸚e** art of war
die **Krippe, -n** crib
die **Krönung, -en** coronation
die **Krönungsfeierlichkeit, -en** coronation ceremony
die **Krönungsglocke, -n** coronation bell
der **Krönungszug, ⸚e** coronation procession
der **Krüppel, -** cripple
der **Kübel, -** bucket
der **Kuchen, -** cake
kühn bold
das **Kühnst-** the boldest thing
die **Kühnheit, -en** boldness
sich **kümmern um** to worry about, take care of, bother with
kummervoll sorrowful(ly)
der **Kunde, -n** customer
die **Kundschaft** clientele, customers
die **Kunst, ⸚e** art
der **Kunstgrind** artificial scabs
der **Künstler, -** artist
kurz short, brief; **in Kürze** shortly
kurz-kommen, a, o to be short-changed
küssen to kiss

L
lächeln to smile
lachen to laugh
lächerlich ridiculous
der **Lachs, -e** salmon
der **Lackschuh, -e** patent leather shoe
der **Laden, ⸚** store, shop
der **Ladenbesitzer, -** shopkeeper
die **Lage, -n** situation
der **Lahm-** cripple (*m.*)
lähmen to paralyze

die **Lampe, -n** lamp, light
das **Land, ⸚er** country, land
das **Landhaus, ⸚er** country house
lang long
langen to deliver, hand
langsam slow(ly)
der **Lappen, -** rag
die **Lappalie, -n** trifle
lassen, (ä), ie, a to let; **sich blicken lassen** to let oneself be seen; **durchblicken lassen** to make obvious; **grüßen lassen** to send regards; **sich etwas zu schulden kommen lassen** to be guilty of a thing; **steigen lassen** to raise
lästig troublesome, tiresome
der **Lastwagen, -** truck, van
die **Laterne, -n** street lamp; lantern
die **Laufbahn, -en** career
laufen, (äu), ie, au to run
launisch moody
die **Laus, ⸚e** louse
lauten to sound; to run, read (as of a text)
läuten to ring, peal, toll
lauter nothing but, only; clear, pure
das **Leben** life
das **Lebensende, -n** end of life
lebhaft lively
das **Leder** leather
leer empty
legen to place, lay, put
die **Lehre, -n** lesson, precept
lehren to teach
die **Lehrlingsarbeit, -en** the work of an apprentice
der **Leib, -er** body; womb
leibhaftig incarnate, true, real, personified
leicht easy; light
der **Leichtsinn** frivolity
leichtsinnig thoughtless, frivolous
leid painful, disagreeable (only predicatively with sein, tun, werden, and Dat.);
es tut mir leid I am sorry
leiden, i, i to suffer
leider unfortunately
leihen, ie, ie to lend
der **Leinenvorhang, ⸚e** linen curtain
leise softly, in an undertone
leisten to perform; **Abbitte leisten** to ask forgiveness
die **Leitung, -en** administration
lenken to steer
lernen to learn
lesen, (ie), a, e to read

letzt last
die Leute (*pl.*) people, folk
das Licht, -er light
lieb dear
die Liebe love
lieben to love
liebenswürdig charming, kind
das Lied, -er song
liefern to deliver; geliefert (*slang*) done in, done for
liegen, a, e to lie
links left
die List, -en treachery
die Liste, -n list
die Lizenz, -en license
loben to praise
das Loch, ⸚er hole, orifice
locken to entice, lure
der Löffel, - spoon
der Lohn, ⸚e reward
das Lokal, -e place; restaurant, bar
los! let's go!
sich lösen (aus) to separate oneself from
los-gehen, i, a to start walking; to begin, start
los-machen to loosen
die Lösung, -en solution
die Luft, ⸚e air
der Lug (*obsolete*) only in Lug and Trug falsehood and deceit
der Lump, -en scoundrel, rascal
der Lumpen, - rag
lumpig raggedy, shabby, tattered
die Lust, ⸚e pleasure; lust, desire
lustig cheerful, merry; sich lustig machen über to poke fun at
das Lüstlingsleben lascivious life, voluptuous life

M
machen to do, make; sich machen an to get on with; sich aus jemandem etwas machen to like somebody
das Mädchenzimmer, - room for girls; maid's room
der Magen, - stomach
die Mahlzeit, -en meal, repast
die Maienblüte bloom of May
das Mal, -e point of time, time
der Mann, ⸚er man; husband
mannigfach various, diverse
mannstoll crazy about men
der Mantel, ⸚ overcoat

der Markt, ⸚e market
marsch quickly
marschieren to march
die Marter, -n torture
der Maskenball ⸚e fancy-dress ball
der Mast ⸚e mast
matt weak(ly), feeble, feebly
die Mauer, -n wall
das Maul, ⸚er mouth (as of animals)
mehrfach repeated(ly), more than once
mehrmals several times
meiden, ie, ie to avoid
der Meineid, -e perjury
meinen to think, opine
die Meinungsverschiedenheit, -en difference of opinion
melden to report
die Menge, -n crowd, throng; large amount
der Mensch, -en human being
das Mensch, -ern (*slang*) whore, slut
das Menschenalter lifetime, generation
der Menschenbruder, ⸚ fellow man; (*pl.*) human brethren
das Menschenleben, - lifetime
die Menschheit humanity
menschlich human; humane
merken to notice
merkwürdig peculiar, strange
das Messer, - knife
der Messerstock, ⸚e swordstick
der Metzger, - butcher
die Miete, -n rent
mieten to rent
die Milch milk
militärisch military
das Militärleben military life
minderjährig under the age of consent, under age
die Minute, -n minute
die Missetat, -en misdeed
mißtrauisch suspicious
der Mist dung, manure, muck
das Miststück, -e piece of dung
das Mistvieh, -e animal at home on a dung heap, filthy beast
mit-bringen, a, a to bring along
der Mitbürger, - fellow citizen
das Mitgefühl compassion
das Mitleid compassion, pity
mit-machen to take part in, participate
der Mitmensch, -en fellow man
der Mittag, -e midday, noon

die **Mitte** midst, center
das **Mittel, -** means; remedy
mitten in the middle
der **Mittwoch** Wednesday
das **Möbel, -** piece of furniture
mögen, o, o to like; to be permitted; **ich möchte** I would like
möglich possible
der **Mond, -e** moon
das **Moor, -e** fen, heath
die **Moral** morality
der **Mord, -e** murder
der **Mordgeselle, -n** murderer
der **Morgenchoral, -e** morning hymn
morgens mornings
die **Moritat, -en** ballad sung by singers at street fairs, detailing the hideous deeds of notorious criminals; penny-dreadful ballad
der **Moritatensänger, -** singer of "Moritaten"
der **Muff, -e** muff
muffig sullen(ly), glum(ly)
die **Mühe, -n** effort, trouble, pains
mühsam laborious(ly)
der **Mund, -̈er** mouth
munter merry, cheerful
die **Münze, -n** coin; mint
mustern to muster, examine
die **Mutter, -̈** mother
der **Mutterleib** womb
die **Myrte** myrtle

N
nach-blättern to turn the pages
nach-denken, a, a to think over
der **Nachfolgend-** the following (*m.*), successor
nachlässig negligent
nach-machen to imitate
der **Nachmittag, -e** afternoon
nach-rufen, ie, u to call after
die **Nacht, -̈e** night
das **Nachthemd, -en** night gown
nackt naked, bare
der **Nagel, -̈** nail; fingernail
nagelneu brand-new
nagen to gnaw, nibble
nah near, close by
die **Nähe** proximity
nahe-stehen, a, a (with *Dat.*) to be close to
nähren to nourish, feed

der **Name, -n** name
namens by name, called
nanu (exclamation expressing surprise) well, well!
die **Narbe, -n** scar
der **Naturgrind** natural scabs
natürlich natural(ly)
nehmen, (nimmt), a, o to take; **Abschied nehmen** to take leave
nennen, a, a to name, call
der **Nerv, -en** nerve; **auf die Nerven fallen** (with *Dat.*) to irritate, to get on (someone's) nerves
nervös nervous
das **Nest, -er** nest
nett nice
neu new
neulich recently
die **Nickelkasse, -n** nickel cash-box
nie never
nieder-stellen to put down
niedrig low
niemand nobody
nirgends nowhere
nochmals once again
der **Norden** north
die **Not, -̈e** need, misery
nötig necessary, essential; **nötig haben** to need; **das Nötige** the rudiments, the necessary
notorisch notorious
die **Nummer, -n** number
nunmehr now, henceforth
nur only
nützen to be of use, avail

O
oben above; upstairs
ober above; supreme, superior
obwohl although
öffentlich public
öffnen to open
oft often
die **Ohnmacht, -̈e** helplessness, impotence; faint
ohnmächtig swooning, faint
das **Ohr, -en** ear
die **Ohrfeige, -n** box on the ear
die **Oper, -n** opera
das **Opfer, -** victim
ordinär vulgar
die **Ordnung, -en** order
die **Orgel, -n** organ

der **Ort, -e** place

P

packen to pack
das **Paradies, -e** paradise
die **Partie, -n** fine match (for marrying)
die **Paspel, -n** piping, edging (of a piece of clothing)
der **Passant, -en** passer-by, pedestrian
passend suitable
passieren to happen
der **Pastor, -e** pastor, clergyman, minister
peinigen to torment
peinlich embarrassing, distressing
das **Personal** staff
persönlich personally
die **Petroleumlampe, -n** oil lamp
der **Pfad, -e** path, way
der **Pfarrer, -** clergyman
pfeifen, i, i to whistle
der **Pfeiler, -** pillar
der **Pferdeapfel, ⁻** horse's droppings
der **Pferdedieb, -e** horse thief
der **Pferdestall, ⁻e** horse stable
pflegen to take care of, care for, nurse
die **Pflicht, -en** duty
die **Pfote, -n** paw
pfui! yuck!, ecch!
der **Pfuscher, -** bungler
das **Plakat, -e** poster
der **Plan, ⁻e** plan
die **Platte, -n** plate, tray; (*slang*) gang
der **Platz, ⁻e** place, seat
plaudern to chat
pleite broke
plötzlich sudden(ly)
plump plump, rude, ill-bred
poetisch poetical(ly)
die **Polente** (*slang*) police, cops
die **Polizei** police
der **Polizeichef, -s** chief of police; High Sheriff
der **Polizeihauptmann, ⁻er** police captain
der **Polizeiposten, -** policeman on duty; police station
der **Polizistenhund, -e** (very derogatory) policeman; (*Am. eq.*) pig
posaunen to trumpet
prachtvoll wonderful(ly), magnificent(ly)
der **Preis, -e** price
preisen, ie, ie to praise
die **Preislage, -n** price level
prima first class

die **Pritsche, -n** bench
das **Privatdepot** private account
die **Projektionsfläche, -n** projection screen; wings (as in the theatre)
protestieren to protest
prüfen to examine
die **Prügel** (*pl.*) thrashing
das **Publikum** audience, public

Q

quälen to torment; to annoy
das **Quantum** quantity
Quatsch (*coll.*) nonsense

R

der **Rabe, -n** raven, crow
die **Rampe, -n** ramp; footlights (as in a theatre)
der **Rappen, -** black horse
rasch quick(ly)
die **Rasse, -n** race
der **Ratschluß, ⁻e** decree, decision
die **Ratte, -n** rat
der **Raub, -e** robbery; prey
rauben to rob
die **Razzia, -ien** raid
der **Rechen, -** rake
die **Rechnung, -en** calculation, account, bill; **auf (jemandes) Rechnung kommen** to benefit, profit
das **Recht, -** right; justice; privilege
rechts right
rechtzeitig in time
die **Rede, -n** talk, speech
reden to talk, speak
der **Redestrom, ⁻e** torrent of speech
referieren to report
die **Regel, -n** rule
der **Regen** rain
regieren to rule, govern
die **Regierung, -en** government
regnen to rain
das **Reich, -e** kingdom, realm
reich rich
reichen to hold out (as of a hand); to suffice
der **Reichtum, ⁻er** riches
reif ripe, mature
rein clean
der **Reingewinn** pure profit
die **Reise, -n** journey, travel
die **Reisetasche, -n** traveling bag
reißen, i, i to tear, rip, rend

reiten, i, i to ride
reizend charming
rennen, a, a to run
die Rente, -n pension
retten to save, rescue
richten gegen to direct against
der Richter, - judge
richtig right, proper, genuine, correct
der Riegel, - bar, rail, bolt
riesenhaft gigantic
riesig enormous(ly)
die Rinde, -n rind, crust
der Rock, ⁻e skirt
roh raw, crude, coarse
die Rose, -n rose
das Rosenholz rosewood
das Roß, ⁻(ss)er steed, horse
die Roßnatur constitution of a horse,
hardy constitution
rot red
der Rücken, - back
rücken to move; einem auf die Bude
rücken to invade somebody's room
rufen, ie, u to call
die Ruhe rest, quiet, peace
ruhig quiet(ly), peaceful(ly)
der Ruhm fame
rühren to touch, stir
der Rundgang, ⁻e round, stroll
rüsten to prepare, mobilize
S
die Sache, -n thing, object
die Säge, -n saw
sagen to say
das Salz, -e salt
sammeln to collect
sämtlich all
die Sau, ⁻e sow, pig
sauber clean, fine
die Säuferin, -(nn)en drunkard, sot (fem.)
der Sauhund, -e (vulg.) rascal, scoundrel;
(Am. eq.) S.O.B.
der Saustall, ⁻e pigsty
schade a pity
schallen to resound, reverberate
schallend resoundingly, raucously
die Schaluppe, -n long boat, sloop
die Scham shame, bashfulness
die Schändung, -en rape
scharf sharp(ly), clear(ly)
der Schatten, - shade
schätzen to esteem
schauen to look

der Schaukasten, ⁻ showcase
das Scheckbuch, ⁻er checkbook
scheiden, ie, ie to separate; sich scheiden
lassen to get a divorce
die Scheidung, -en divorce
scheinbar apparently
scheinen, ie, ie to shine, gleam; to appear
das Scheit, -e log, stick (of firewood)
der Schellfisch, -e haddock
schenken to give, make a present
die Schererei, -en (coll.) bother, trouble
scheußlich horrible
die Schicht, -en level; social class
schicken to send; sich schicken to be
proper, suitable; es schickt sich it is
proper
das Schicksal, -e fate
schieben, o, o to shove, slide; (coll.) to
wangle, finagle
das Schiff, -e ship
der Schlaf sleep
schlafen, (ä), ie, a to sleep
schlaflos sleepless
das Schlafzimmer, - bedroom
der Schlag, ⁻e stroke
der Schlaganfall, ⁻e stroke, apoplexy
schlagen, (ä), u, a to beat; sich etwas aus
dem Kopf schlagen to get something out
of one's mind
die Schlampe, -n slovenly woman, slut,
trollop
die Schlange, -n snake
schlau smart, sly
schlecht bad
schleppen to tow, haul, drag
schleunigst as fast as possible
schließen, o, o to close
schließlich after all
schlimm bad; das Schlimmste the worst
das Schloß, ⁻(ss)er lock, castle
schluchzen to sob
der Schluck, -e sip
der Schluß, ⁻(ss)e end, conclusion
der Schlüssel, - key
schmeißen, i, i to throw, fling; (coll.) to
manage, pull off; um sich schmeißen mit
to throw around, squander
schminken to make up (as of a face)
schmutzig dirty, soiled
die Schnauze, -n snout; (vulg.) mouth
schneiden, i, i to cut
schneidend cuttingly, bitingly, scathingly
schnell quick(ly)

der **Schnürboden, ⸚e** rigging loft (as in a theatre)
schon already; when the time comes; to be sure
schön beautiful
schonen to treat with consideration; be sparing of, save; **sich schonen** to take care of oneself
die **Schönheit, -en** beauty
der **Schoß, ⸚e** lap
der **Schrecken, -** shock, fright, terror
schrecklich terrible, horrible
schreien, ie, ie to scream
das **Schriftstück, ⸚e** document
der **Schuft, -e** villain, rascal
die **Schuld** fault, guilt, blame
die **Schule, -n** school
die **Schulter, -n** shoulder
der **Schund** junk, trash
der **Schurke, -n** villain, scoundrel
die **Schüssel, -n** bowl
schütteln to shake
schützen to protect
der **Schwächling, -e** weakling
der **Schwamm, ⸚e** sponge; **Schwamm drüber** let's forget it
schwängern to make pregnant
schwarz black
das **Schweigen** silence
schweigen, ie, ie to be silent
das **Schwein, -e** pig, swine
die **Schweinerei** disgusting state of affairs, mess
die **Schwelle, -n** threshhold
schwer difficult; heavy
die **Schwester, -n** sister
der **Schwiegersohn, ⸚e** son-in-law
der **Schwiegervater, ⸚e** father-in-law
schwierig difficult
schwimmen, a, o to swim
schwören, u, o to swear; **sich schwören** to promise oneself
der **Schwung, ⸚e** dash
die **See** ocean, sea
die **Seeräuberbraut, ⸚e** pirate bride
das **Segel, -** sail
segeln to sail
das **Segelschiff, -e** sailing ship, sailboat
sehen, (ie), a, e to see
sehr very
die **Seide, -n** silk
die **Seife, -n** soap
seinerzeit in its time, at that time

selb self, same
der **Selbstbetrug** self deception
selbstverständlich of course, naturally
selig blessed
der **Sellerie** celery
selten seldom, rare(ly)
die **Sentimentalität, -en** sentimentality
setzen to place, set, put; **sich setzen** to sit down
sexuel sexual
sicher probable, probably, certain(ly), sure(ly), safe(ly)
singen, a, u to sing
sinken, a, u to sink
der **Sinn, -e** mind; sense; disposition
die **Sinnlichkeit** sensuality
sitzen to sit
sogar even
der **Sohn, ⸚e** son
der **Soldat, -en** soldier
sollen shall, should, ought, be obliged; to be said to, be supposed to
die **Songbeleuchtung** song lighting (as in a theatre when the stage light is directed at the singer)
sonnenklar clear as daylight, evident
das **Sonnenlicht** sunlight; light of day
der **Sonnenschirm, -e** parasol
der **Sonntag, -e** Sunday
sooft whenever
die **Sorge, -n** care, worry
sorgen to care
sorglos carefree
soupieren to have supper
die **Spalierbildung, -en** lining the route of a procession
der **Spargel, -** asparagus
der **Spaß, ⸚(ss)e** fun, amusement
spazieren gehen, i, a to stroll
der **Speck** bacon, fat
speien, ie, ie to spit; to throw up
die **Spelunke, -n** disreputable tavern, dive
spezifiziert itemized
der **Spieler, -** gambler
der **Spießer, -** narrow-minded citizen, bourgeois, philistine
die **Spitze, -n** point, tip, top; **die Spitze der Behörden** the heads of the authorities
der **Spitzel, -** informer
sprachlos speechless
sprechen, (i), a, o to speak, talk
springen, a, u to jump
der **Spruch, ⸚e** saying, slogan; spiritual

pronouncement
der **Spüleimer, -** washing-pail, washing-bucket
die **Spur, -en** trace
die **Stadt, ⁻e** city, town
die **Stadtgrenze, -n** city limits
der **Stadtplan, ⁻e** map of the city
stammen to be derived, originate, come from
der **Stand, ⁻e** condition; social group, class; **im Stande halten** to keep in good condition
das **Standesamt, ⁻er** registry office
die **Standuhr, -en** grandfather clock
die **Stange, -n** perch, bar, pole
stark strong
statt-finden, a, u to take place
statuieren to establish; to affirm; **ein Exempel statuieren** to serve as an example
das **Stearinkerzenwachs** paraffin wax
stecken to put, place; to hide, be hiding, lie hidden
stehen, a, a to stand
stehlen, (ie), a, o to steal, rob, filch
der **Stein, -e** stone
stellen to place, position, put, set
die **Stellung, -en** position
stemmen to push up, lift a heavy weight
der **Step** (*Engl.*) hop, dance
sterben, (i), a, o to die
der **Stern, -e** star
der **Stich, -e** prick, puncture; **im Stich lassen** to leave in the lurch
der **Stiefel, -** boot
stieren to stare
der **Stil, -e** style
still still, quiet
die **Stimme, -n** voice
stimmen to tune; **es stimmt** that is correct
die **Stimmung, -en** mood, atmosphere
stimmungsvoll with feeling; full of atmosphere
das **Stimmungsvolle** something full of feeling
die **Stirn, -e** forehead
der **Stock, ⁻e** stick, walking stick, cane; floor
stöhnen to groan
stolpern to stumble
stolz proud
stören to disturb
stoßen, (ö), ie, o to push, shove; to hit
strafen to punish

strahlend brilliant, radiant
die **Straße, -n** street
der **Straßenbettel** street begging
die **Straßenecke, -n** streetcorner
der **Straßenräuber, -** hold-up man, mugger, bandit
der **Straßenüberfall, ⁻e** street robbery, mugging
streben to strive
das **Streben** striving
der **Streich, -e** strike, blow, stroke; salvo
streicheln to caress, stroke
streiten, i, i to quarrel
streng strict(ly)
der **Strick, -e** rope, cord
die **Stube, -n** room; **die gute Stube** parlor
die **Stunde, -n** hour
stündlich hourly
der **Stunk** (*coll.*). squabble; **Stunk machen** (*coll.*) to cause trouble
der **Sturm, ⁻e** storm
der **Sumpf, ⁻e** morass
der **Stuhl, ⁻e** chair
stumm mute, silent, speechless
die **Stümperei** bungling, shoddy work
der **Stumpf, ⁻e** stump
die **Stunde, -n** hour
die **Sucherei** searching
die **Sünde, -n** sin
der **Sünderlohn, ⁻e** rewards of sin, wages of sin
sündig sinful

T
tadeln to reproach
die **Tafel, -n** sign, board
das **Täfelchen, -** little sign, little board
der **Tag, -e** day
der **Tagedieb, -e** idler, sluggard
das **Tal, ⁻er** valley
die **Tante, -n** aunt
tanzen to dance
das **Tau, -e** rope
die **Taube, -n** pigeon, dove; lovebird
taugen to be good for, fit for
der **Tee** tea
der **Teich, -e** pond
der **Teil, -e** part, share
teilen to share; to divide
teilhaftig partaking of, sharing in, participating in
der **Teller, -** plate, dish
das **Tempo** speed

der **Teppich, -e** carpet
teuer expensive
der **Teufel, -** devil; **zum Teufel! devil!**
die **Theke, -n** counter (as in a bar)
die **Thronfolgerin, -(nn)en** female successor to the throne
tief deep, low
der **Tintenfisch, -e** octopus, cuttle-fish
der **Tisch, -e** table
toben to rave
die **Tochter, -̈** daughter
der **Tod** death
die **Todesnot, -̈e** mortal peril
die **Todeszelle, -n** death cell
toll crazy
der **Ton, -̈e** tone, sound
töricht foolish
tot dead
töten to kill
die **Tracht, -en** dress, costume; **eine Tracht Prügel** a sound thrashing, a good beating
tragen, (ä), u, a to carry; to wear
die **Trauerweide, -n** weeping willow
traulich cozy
der **Traum, -̈e** dream
traurig sad
treffen, (i,) a, o to meet, encounter; to hit, strike
treiben, ie, ie to do, carry on; to drive
trennen to separate
die **Treppe, -n** staircase
treten, (tritt), a, e to step, kick; **unter das Gewehr treten** to present arms
treu faithful, loyal
die **Treue** loyalty
der **Trieb, -e** instinct, drive
trinken, a, u to drink
trist sad
der **Tritt, -e** step
trocken dry; **im trocknen haben** to own safely
der **Trommelwirbel, -** drum roll
das **Trommelzeichen, -** drum signal
der **Trost** consolation
trösten to console
trostlos desolate, disconsolate
trübe dismal, dreary
der **Trug** fraud, deceit
die **Truppe, -n** troop
tückisch malicious, insidious
tun, a, a to do
die **Tür, -en** door

U
übel evil, bad, wrong; sick, nauseous
übel-nehmen, (nimmt), a, o to take something amiss
übel-werden, (i), a, o (with *Dat.*) to become nauseous
überdauern to outlast, survive
die **Übereilung, -en** hastiness, rashness
über-geben, (i), a, o to hand over
über-gehen, i, a to go over to, switch to
überhaupt after all, anyway; generally, in general
überlassen, (ä), ie, a to leave (to someone else), cede
sich **überlegen** to think over, consider
der **Übermut** high spirits, daredeviltry
übernächtigt tired out, sleepy looking, bleary-eyed
übernehmen, (nimmt), a, o to take over
die **Überraschung, -en** surprise
überreichen to present, hand over
übersenden, a, a to convey, deliver
übertrieben exaggerated(ly)
überweisen, ie, ie to transfer, send, hand over
üblich customary
übrig remaining, left over; **im übrigen** moreover, besides
übrig-bleiben, ie, ie to be left over, remain
das **Ufer, -** shore
die **Uhr, -en** watch, clock
ulkig funny
umarmen to embrace
um-bringen, a, a to kill
um-fallen, (ä), ie, a to fall over, collapse
um-gehen, i, a to go around (as of a disease), circulate
um-legen to floor, knock to the floor
die **Umorientierung, -en** change of direction
umsonst free of charge
der **Umstand, -̈e** circumstance
sich **um-ziehen, o, o** to change clothes
unangenehm disagreeable, distasteful, unpleasant
unauffällig unobtrusive, discreet
unaufhaltsam incessant, irresistible
unberührt untouched
unbestechlich incorruptible, unbribable
die **Unbill** iniquity, wrong, injustice
undurchführbar impracticable
unerforschlich inscrutable
unerhört unheard of, incredible
ungebildet uneducated

ungefähr approximately
ungeheuer enormous(ly)
das Ungeheuer, - monster
ungeheuerlich monstrous(ly)
ungerecht unjust
das Unglück, -e misfortune
unglücklich unhappy, miserable
unmöglich impossible
unmoralisch immoral
unnatürlich unnatural
das Unrecht injustice
unschuldig innocent
unsereiner the likes of us, people like us
unsicher uncertain(ly)
die Unsicherheit, -en uncertainty
unsichtbar invisible
der Unsinn nonsense
unsinnig nonsensical
die Untat, -en misdeed
unterbrechen, (i), a, o to interrupt
unterdrücken to suppress, repress
untergehend declining
unternehmen (unternimmt), a, o to undertake
die Unternehmung, -en enterprise
unterscheiden, ie, ie to differentiate
der Unterschied, -e difference
unterst lowest
untersuchen to examine
unterwegs on the way
das Untier, -e monster
unverschämt impertinent
unverzeihlich unforgivable
unwandelbar unchanging
die Unzulänglichkeit, -en inadequacy
der Unzurechnungsfähigkeitsparagraph, -en the paragraph (in law) dealing with whether the accused is capable to stand trial; irresponsibility section (as of a law)
unzuverlässig unreliable
die Ursache, -n cause, reason; keine Ursache! don't mention it!
urteilen judge

V

der Vater, ⁻er father
väterlich fatherly, paternal
sich verabschieden to take leave, say good-bye
veranstalten to stage, organize
verbergen, (i), a, o to hide, conceal
verbessern to improve
verbrauchen to use up

das Verbrechen, - crime
der Verbrecher, - criminal
die Verbrecherschlampe, -n gangster's trollop, crook's hussy
verbrennen, a, a to burn
verdammt damned
verdanken to be indebted to a person for a thing
verderben, (i), a, o to spoil, rot
verdienen to earn; to deserve
verdorben spoiled
verdrehen to warp, twist; den Kopf verdrehen to turn one's head, confuse
der Verdruß annoyance, discontent, chagrin
die Verehelichung, -en marriage
verehrt revered
verfallen, (ä), ie, a (with Dat.) to come into the power of
verfluchen to curse
verfolgen to persecute, pursue
verführen to seduce
der Verführer, - seducer
sich etwas vergeben, (i), a, e to degrade oneself, compromise oneself
vergehen, i, a to pass
vergelten, (i), a, o to retaliate, repay
vergessen, (i), a, e to forget
vergießen, a, o to spill, shed
das Vergnügen, - pleasure
vergrößern to enlarge
verhaften to arrest
das Verhältnis, ⁻(ss)e condition, circumstance; relationship
verhärten to harden
die Verhärtung, -en hardening, callousness, hardheartedness
verheiratet married
die Verheiratung, -en marriage
verkaufen to sell
verkehren to frequent
der Verkehrsfortschritt, -e progress of modern traffic
verkitschen (slang) to sell stolen goods
verklingen, a, u to die, fade away (as of sounds)
verkneifen, i, i (slang) to stifle; sich etwas verkneifen to do without
verkommen, a, o to go bad, decay, rot
sich verkriechen, o, o to creep away
verlangen to demand, ask for
verlängern to extend
verlegen embarrassed

verleihen, ie, ie to grant, issue; to lend
verleugnen to deny, disavow
verlockend enticing
der Verlust, -e loss
sich vermählen to marry
vermeiden, ie, ie to avoid
vermißt missing
vernachlässigen to neglect
vernehmen, (vernimmt), a, o to hear
vernichten to devastate
die Vernunft reason, judgment, intelligence
verpflichtet indebted, obliged
die Verpflichtung, -en responsibility
verraten to betray
verrecken (*vulgar*) to die, perish
verreisen to go on a trip, travel
sich verrollen (*slang*) to get out, clear out, toddle off
verrottet rotten
verrückt crazy
das Versagen failure
sich versammeln to assemble
verschachern to barter away, sell off
verschärft sharpened, intensified, heightened
verschieben, o, o to move out of place, disarrange; verschoben (*slang*) confused, mixed-up, befuddled
verschieden different
verschlagen, (ä), u, a to drive out of its course (as of a ship); to beat
verschließen, o, o to close, shut
verschlingen, a, u to devour
sich verschlucken to choke, swallow the wrong way
verschlungen devoured; intertwined; complicated
verschoben (*slang*) confused, mixed-up, befuddled
verschonen to spare
verschönen to beautify
verschwinden, a, u to disappear
versetzen to pawn
versohlen (*slang*) to beat up, thrash
versprechen, (i), a, o to promise
der Verstand mind; wits
verstecken to hide
verstehen, a, a to understand
versteigen, ie, ie to lose one's way while climbing; to climb too high, go too far
die Verstellerei dissembling, pretending, play-acting

verstockt obdurate, stubborn
verstreuen to scatter
der Verstümmelt-, cripple (*m.*), mutilated man
versuchen to try, attempt
vertragen, (ä), u, a to bear, endure, tolerate; sich vertragen to get along, be friends
vertreiben, ie, ie to drive away; die Zeit vertreiben to while away the time
der Vertreter, - representative
verursachen to cause
verwandeln to change
verwenden to use, utilize
verzeihen, ie, ie to pardon, excuse
verzichten to forego, do without
vielleicht perhaps
die Viertelstunde, -n quarter hour
der Vogel, -̈e bird
die Vögelbrut brood of birds
der Vogelfrei-, outlaw (m.)
voll full
völlig complete(ly), total(ly)
vollkommen complete(ly), utter(ly)
voll-stopfen to stuff
vorbei passed, over
vorbei-führen to lead past
vor-bereiten to prepare
der Vorfall, -̈e incidence, instance, event
vor-finden, a, u to find; sich vorfinden to be present
vor-führen to present, show
vor-gehen, i, a to precede; to happen
vorgesehen intended
vorgestern day before yesterday
der Vorhang, -̈e curtain
vorher before
vorhin before, a short time ago
vorig former, preceding
vor-kommen, a, o to happen, occur; to be mentioned
vor-liegen, a, e to be under consideration
vor-machen to demonstrate
vornehm distinguished, refined, noble
der Vorrang, -̈e priority
vorsätzlich intentional(ly), willful(ly)
vor-schieben, o, o to push to the front
der Vorschuß, -̈(ss)e advance payment
vor-sehen, (ie), a, e to consider, provide for
vor-singen, a, u to recite
vor-stellen to introduce; sich etwas vorstellen to imagine

die **Vorstellung, -en** concept, idea; introduction; performance
der **Vortrag, ⁼e** speech, lecture, recital
vorüber over, gone
der **Vorwand, ⁼e** pretence
vorwärts forward, onward

W

die **Wache, -n** police station
wachsen, (ä), u, a to grow
die **Wachspuppe, -n** wax model
währen to last
während while, during
währenddem in the meantime
währenddessen in the meantime
die **Wahrheit, -en** truth
der **Wandschirm, -e** folding screen
die **Wange, -n** cheek
der **Wanst, ⁼e** belly
die **Warnung, -en** warning
der **Wärter, -** guard
die **Wäsche** underwear; laundry
waschen, (ä), u, a to wash
das **Wasser** water
weg away, gone
der **Weg, -e** way
der **Wegelagerer, -** highway robber
wegen on account of, because of
weg-laufen, (äu), ie, au to run away
weg-nehmen, (nimmt), a, o to take away
weg-räumen to clear away, remove
weg-reisen to go away, travel
wegschauen to look away
weg-schenken to give away (as a present)
weg-tun, a, a to put away
weg-ziehen, o, o to pull away
das **Weib, -er** woman; female
das **Weibsbild, -er** hussy
weich soft, weak
sich **weihen** (with *Dat.*) to devote oneself to
die **Weihnachten** Christmas
weilen to tarry, sojourn
weinen to weep, cry
weise wise, sagacious
die **Weise, -n** manner
die **Weisheit, -en** wisdom
weiß white
weit wide, distant
weiter further, farther; additional
weiterhin as before
weitschauend far-sighted
die **Welt, -en** world

die **Weltgeschichte** world history
wenden, a, a to turn
der **Wendepunkt, -e** turning point
wenig little, not much; a few
wenigstens at least
werben, (i), a, o to recruit
werfen, (i), a, o to throw
werden, (i), u, o to become; **fertig werden** (with *Dat.*) to manage, handle; to finish
werktags on week-days
wert worth
der **Wert, -e** value
wertvoll valuable
das **Wesen, -** character, temperament, personality, nature; being
der **Wicht, -e** wretch
wichtig important
widerlich disgusting(ly)
widersprechen, (i), a, o to contradict
wider-treten, (tritt), a, e to kick back
wiederholen to repeat
wiederkehren to return
wieder-sehen, (ie), a, e to see again
die **Wiege, -n** cradle
wiegen, o, o to weigh
die **Wiese, -n** meadow
wieso how so, what do you mean
die **Willkür** caprice
der **Wind, -e** wind
sich **winden, a, u** to writhe
das **Windlicht, -er** storm lantern, shaded lantern
winken to wave
der **Winter, -** winter
das **Winterquartier, -e** winter quarters
wirken to be effective, work
wirklich really, in fact
die **Wirklichkeit, -en** reality
wischen to wipe
wissen, u, u to know
wissenschaftlich scientific(ally)
wissensdurstig inquisitive
die **Witwe, -n** widow
das **Witwenkleid, -er** widow's dress
die **Woche, -n** week
wöchentlich weekly
wohin whither, to what or which place
wohl probably
der **Wohlstand** prosperity, well-being
die **Wohltat, -en** blessing; act of charity
wohnen to dwell, live
die **Wohnung, -en** apartment; home
die **Wolke, -n** cloud

wollen, o, o to want
der **Wollhändler, -** wool merchant
womöglich possibly
das **Wort, -e** word
wortlos silent(ly)
das **Wrack, -s** wreck
wunderbar wonderful(ly)
wünschen to wish
die **Würde, -n** dignity
würdig dignified
die **Wut** rage, fury
wüten to enrage
wütend enraged

Z

die **Zahl, -en** number
zählen to count
der **Zahn, -̈e** tooth
das **Zahnfleisch** gums; **ins Zahnfleisch langen** (*slang*) to punch (somebody) in the mouth
der **Zaster** (*archaic*) money
die **Zehe, -n** toe
zeichnen to sign; to draw
zeigen to show
zeit (with *Genetive*) for the time of
die **Zeit, -en** time
die **Zeitung, -en** newspaper
die **Zelle, -n** cell
die **Zellentür, -en** cell door
zerpicken to pick to pieces
das **Zeug** stuff
ziehen, o, o to pull
das **Ziel, -e** goal, aspiration
das **Zimmer, -** room
der **Zitterer, -** twitcher, trembler
zögern to hesitate
der **Zorn** anger, wrath
die **Zote, -** obscenity, dirty joke
das **Zotenreißen** telling dirty jokes
zucken to twitch
zuerst at first
zufällig haphazard(ly), incidental(ly)
das **Zufällige** the incidental
zu-fügen to inflict
der **Zug, -̈e** trait, feature; train
zu-gehen, i, a to happen, take place, go on
zugleich at the same time
zu-hören to listen
zukommen lassen, (ä), ie, a (with *Dat.*) to let a person have a thing
die **Zukunft** future
zu-messen, (i), a, e to attribute

zumindest at least
zunehmend increasing(ly)
die **Zunft, -̈e** guild
zurecht-kommen, a, o to manage; come in time
die **Zurückhaltung, -en** reserve, restraint
zurück-kehren to return
zurück-kommen, a, o to return, come back
zurück-taumeln to stagger backward
sich **zurück-ziehen, o, o** to retire
zusammen together
zusammen-beißen, i, i to bite together; **die Zähne zusammenbeißen** to grit one's teeth
zusammen-brechen, (i), a, o to collapse, break down
zusammen-kriegen to get (something) together
zusammen-liegen, a, e to lie together
zusammen-stellen to bring together, assemble
zusammen-treffen, (i), a, o to meet
das **Zusammentreffen** concurrence
zu-schließen, o, o to lock
zu-sehen, (i), a, e to watch, observe; to see to it (that something is done)
der **Zustand, -̈e** condition
zu-wanken to advance unsteadily toward
zwar as a matter of fact, in fact
der **Zweck, -e** purpose
der **Zweit-** the second
zwingen, a, u to force, compel, coerce
der **Zwischenfall, -̈e** incident
das **Zwischenspiel, -e** interlude